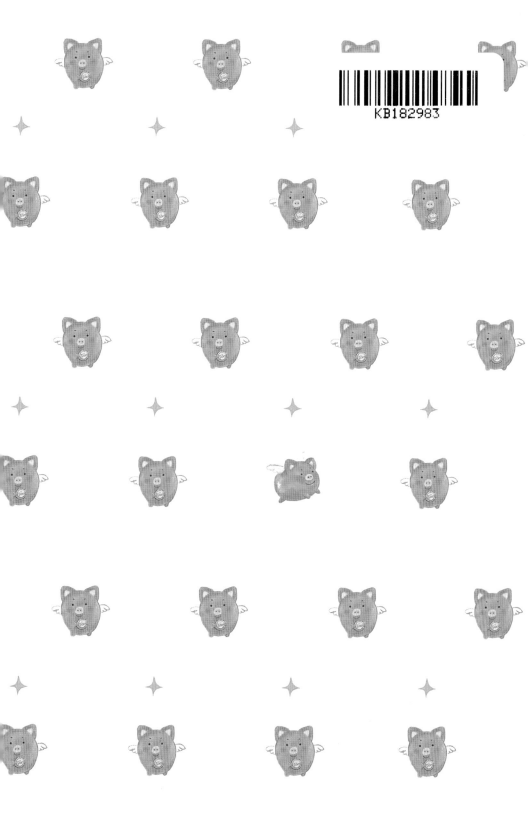

KB182983

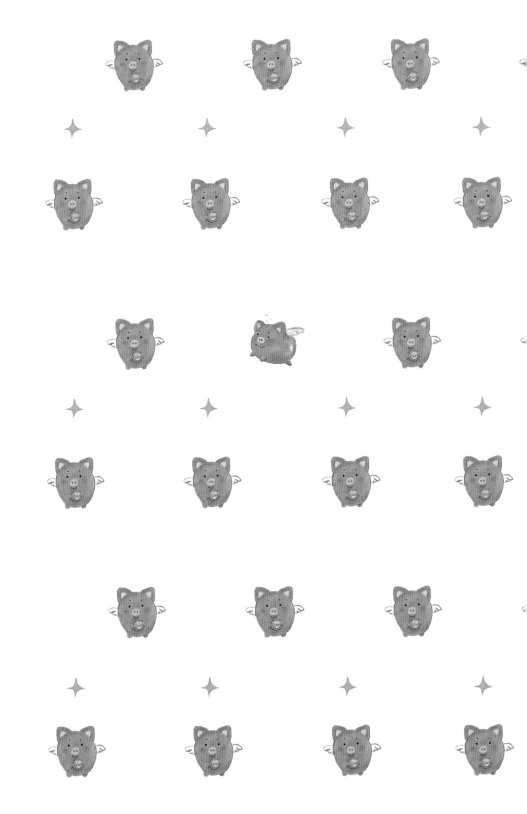

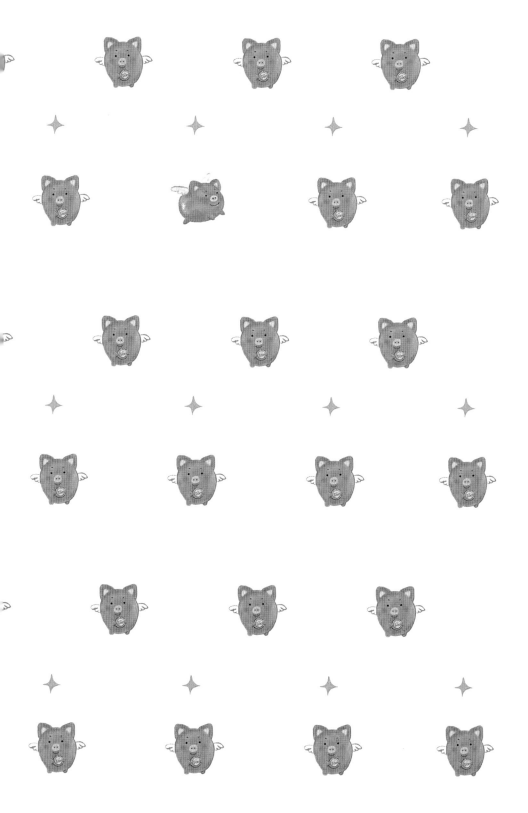

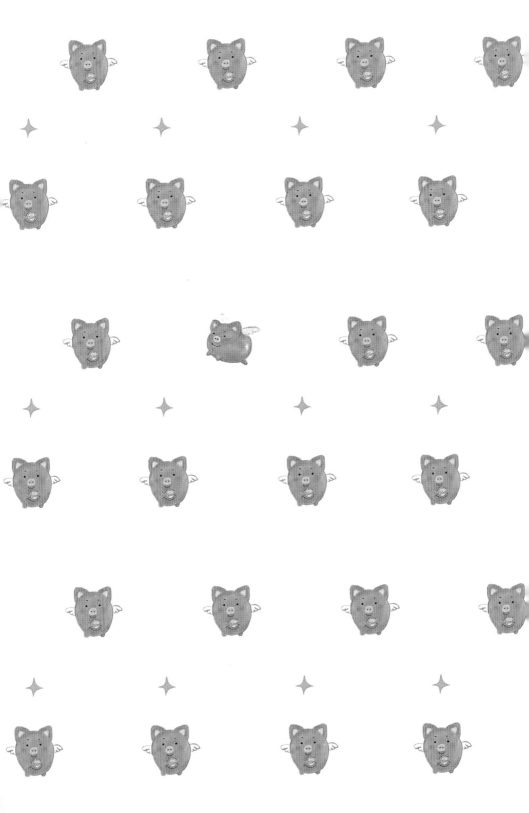

나의 첫 저축통장

나의 첫 저축통장

**미래를 준비하는 아이들을 위한
슬기로운 청약저축 동화**

정지영(아임해피)·**김경옥** 지음 | **고은지** 그림

차근차근 미래를 만들어 갈 어린이들을 응원합니다

옥효진

인간이 살아가는 데 가장 기본이 되는 세 가지 요소가 있습니다. 바로 의식주입니다. '의'는 입는 것을 의미하죠. 추위를 견디기 위해, 햇빛이나 벌레 등 외부의 위협으로부터 몸을 보호하기 위해 필요한 것입니다. '식'은 먹는 것을 의미합니다. 우리가 힘을 낼 수 있도록 하고 생명을 유지하도록 해 줍니다. 마지막으로 '주'는 사는 곳을 의미합니다. 쉽게 이야기해 '집'이죠.

우리 주변에는 다양한 종류의 집이 있습니다. 한 건물에 한 가족만 사는 단독주택부터 한 건물에 여러 집이 있는 다세대

주택 그리고 높은 높이를 자랑하는 아파트까지, 주거의 형태는 다양합니다. 우리나라는 인구에 비해 땅이 좁은 특성상, 좁은 땅에 최대한 많은 사람을 살게 해야 했습니다. 그렇게 아파트들이 지어지기 시작했죠. 아파트가 가진 여러 장점들 덕택에 아파트는 점점 더 인기를 얻게 되었습니다. 그러다 보니 아파트에 살고 싶어 하는 사람들도 많아졌고요.

이 책은 내 집을 마련하기 위해 어린 시절부터 청약통장을 만들고 차근차근 준비해 가는 아이들의 이야기를 담고 있습니다. 어린아이가 벌써부터 내 집을 마련할 생각으로 준비를 하다니, 어떤 사람들에게는 황당한 이야기로 들릴 수도 있습니다.

하지만 이 책에 등장하는 아이들은 다릅니다. 돈의 소중함을 알고 현재의 소비를 절제하며, 구체적인 목표를 갖고 미래를 준비하는 아이들의 모습이 굉장히 인상 깊었습니다. 어딘가에는 이 책 속의 아이들 같은 목표를 갖고 실천하는 아이들이 정말 있을 것 같다는 기대감도 생겼습니다.

물론 집이라는 것이 인생의 최우선 목표가 될 수는 없습니다. 하지만 삶의 기본 요소 중 하나인 '주거'를 위해 어린 시절부터 준비하는 모습이 나쁘게만 보이지는 않았습니다. 실제로 나라에서도 어릴 적부터 아이들이 청약통장을 만들어 저축하고 미래의 주거를 준비하도록 제도를 만들어 격려하고 있기도 하죠.

청약통장도 결국은 경제생활의 일부입니다. 이 책은 단순히 아파트 청약만 이야기하는 것이 아니라, 아이들이 가져야 할 경제생활의 기본적인 내용을 담고 있다고 생각합니다.

앞서 이야기한 대로 이 책은 어린 시절부터 내 집 마련을 위해 청약을 준비하는 아이들의 이야기입니다. 그런데 또 하나 인상 깊었던 것은, 집을 단순히 건물이나 자산의 모습으로만 다루지는 않았다는 점입니다.

집을 완성시키는 것은 그 집에 함께 사는 '사람들'이 아닐까 생각합니다. 그런 점에서 이야기 속에 등장하는 집에서 함께 하는 가족들의 갈등과 화해 그리고 가족의 사랑이 이 집을 정말 '집답게' 만드는 요소들로 다루어졌다는 것이 참 마음에 들었습니다.

이 책을 통해 엄마가 만들어 준 청약통장이 아닌, 내가 '만들고 싶어 만든' 청약통장을 가지는 아이들이 많아지길, 우리 어린이들이 가족과 함께 행복한 집에서 늘 정답게 살아가길 기대해 봅니다.

아이에게 빛나는 내일을
물려주기 위해

제가 자라던 시절만 해도 '청약'은 그리 흔한 개념이 아니었습니다. 사회초년생 시절, '작년에 분당 야탑아파트 분양에 당첨되었다'고 자랑한 직장 선배 덕분에 청약이란 존재를, 청약의 개념을 처음으로 알게 되었지요. 심지어 그 시절은 세대주만 청약통장을 가질 수 있었던지라, 이 정보를 듣자마자 독립을 해서 청약통장을 만들었던 기억이 납니다. 독립해서 제 명의의 청약통장을 만들고, 아버지께도 말씀드려 아버지도 청약통장을 만들도록 했지요.

하지만 요즘은 '청약통장'이 '국민 통장'으로 불릴 만큼 흔해

졌습니다. 아마 아동 수당을 받기 위해 아기 통장을 만들러 은행에 갔을 때 '자녀에게 청약통장을 미리 만들어 주세요'라고 권유를 받은 분들도 많을 거예요. 그렇게 아이가 아주 어렸을 때 청약통장을 만들어 둔 분이 많아서인지, 요즘은 부쩍 이런 질문을 받곤 합니다.

"아이 청약통장 해지하면 안 되나요? 어차피 당첨되긴 어려울 것 같은데……."
"목돈이 필요해져서 그런데, 아이 청약통장 깨도 될까요?"

그럴 때마다 저는 청약통장만큼은 깨면 안 된다고 당부합니다. 청약통장이 필요한 순간은 반드시 오게 마련입니다. 저역시도 처음 청약에 당첨된 후 '이젠 청약통장을 쓸 일이 없겠지' 생각하고 청약통장을 다시 만들지 않았는데, 얼마 후 청약통장이 곧바로 필요해져서 그제야 '얼른 다시 들었어야 했는데!' 하고 후회한 적이 있었습니다. 그런 경험을 하고서 다른 분들은 저와 같은 실수를 하지 않길 바라는 마음으로, 모든 이가 청약통장을 통해 따뜻한 보금자리를 마련하길 바라며 『대한민국 청약지도』라는 책을 집필하기도 했지요.

이번에는 아이의 청약통장을 바라보며 '이걸 어떻게 활용해야 할까' 고민하는 부모님들에게 조금이나마 길잡이를 건네고 싶어 이 책 『나의 첫 저축통장』을 집필했습니다.

저 역시 한 아이의 엄마이기에 알고 있습니다. 내 아이에게 무엇이든 물려주고 싶고, 조금이라도 더 탄탄한 앞날을 준비해 주고 싶은 그 마음은 부모라면 모두 갖고 있겠지요. 하지만 모두가 집과 많은 재산을 물려줄 수는 없는 것이 현실입니다. 그러나 그렇다고 해서 지레 실망하지 않아도 괜찮습니다. '가입 기간 만점짜리 청약통장'은 어느 누구든 물려줄 수 있으니까요.

2023년부터 미성년자 청약 가입 인정 기간이 만 17세에서

만 14세로 바뀌었고, 납입 인정 금액도 200만 원에서 600만 원으로 확대되었습니다. 이에 더해 2024년 11월부터는 월 납입액 인정 한도도 10만 원에서 25만 원으로 대폭 상향되었지요. 만 14세에 청약저축에 가입해 매달 10만 원씩 저축하면, 청약에 응모할 수 있는 만 19세에는 가입 인정 기간 5년, 납입 인정 금액 600만 원을 꽉 채울 수 있습니다.

　중요한 것은, 청약통장이라는 수단을 통해 우리 아이들에게 돈보다도 더욱 값진 보물을 물려줄 수 있다는 점입니다. 그것은 바로 '지혜'입니다. 어려서부터 저축의 필요성을 배우고, 적은 돈이라도 나누어 관리해 보고, 꾸준히 저축을 해 본 아이는 어른이 되어서 큰돈을 손에 쥐게 되었을 때도 훨씬 체계적으로 돈을 다룰 수 있습니다. 그리고 단언컨대 아이들이 저축의 필요성을 깨닫게 하는 데 무엇보다도 좋은 수단이 '청약'이라고 저는 생각합니다.

　만점짜리 청약통장을 만드는 법은 매우 단순합니다. 일찍이 청약에 가입해, 깨지 않고 오랫동안 꾸준히 저축할수록 당첨 확률이 높아지지요. 이에 더해 공공분양의 경우 더 많은 금액을 성실히 저축한 사람에게 당첨이라는 선물을 선사합니다. '꾸준함'과 '성실함'의 가치를 깨닫고, 차근차근 미래를 준비해 가는 일의 중요성을 느끼기에 청약저축보다 탁월한 수단은 없으리라고 자부합니다.

아이와 함께 이 책을 읽으며 가장 먼저 왜 저축이 필요한지, 용돈은 왜 아껴 써야 하는지 등 '돈'에 대한 대화를 시작해 보세요. 아이의 일주일 용돈은 얼마로 정하면 좋을지, 그중 얼마를 청약통장에 저축하고 싶은지 이야기하며 아이가 주체적으로 용돈을 사용할 수 있도록 이끌어 준다면 더욱 좋겠습니다. 어른이 되었을 때의 모습에 대해 이야기를 나눠도 근사하겠지요.

'청약통장'이라는 수단을 통해 저축의 필요성을 깨닫고, 내일을 준비하기 시작하는 대산이와 다해 두 남매의 모습을 보면서 아이들도 자신들의 무지갯빛 미래에 대해 자기 나름대로의 상상을 펼쳐 나간다면 기쁘겠습니다.

　부디 『나의 첫 저축통장』이 멋진 내일을 준비하는 아이들의 첫걸음이 되길, 그리고 청약통장이 우리 아이들의 미래를 탄탄히 받쳐 주는 시드 머니가 되길 바랍니다.

아임해피 정지영

차 례

추천의 글 · 4
이 책을 함께 읽을 부모님들에게 · 8

비밀 금고 · 19

엄마 몰래 사 버린 항공모함 프라모델 · 34

고모의 잔소리 거미줄 · 43

축 탄생, 청린이 2호 · 62

우리 집 가점제 · 82

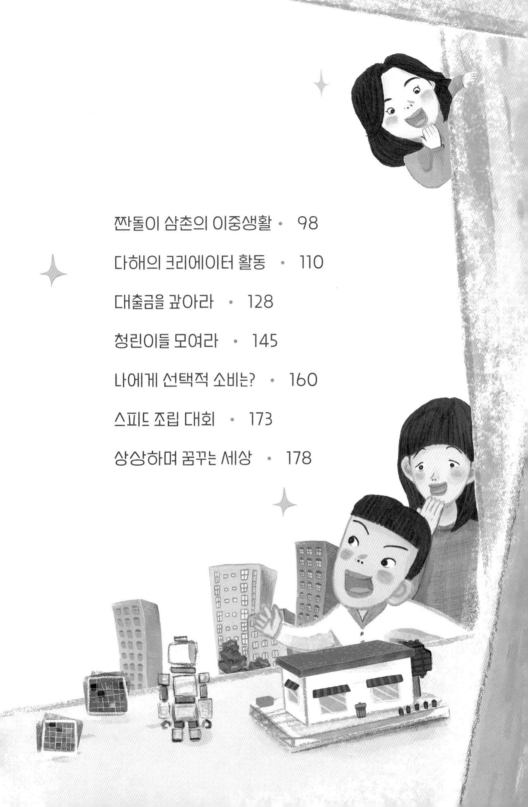

짠돌이 삼촌의 이중생활 · 98

다해의 크리에이터 활동 · 110

대출금을 갚아라 · 128

청린이들 모여라 · 145

나에게 선택적 소비는? · 160

스피드 조립 대회 · 173

상상하며 꿈꾸는 세상 · 178

등장인물

정 대 산

이제 알 건 다 아는
까칠한 12살 초등학생

애민초등학교 제일가는 조립품 마니아. 세뱃돈을 받는 대로 엄마에게 넘기며 '세뱃돈을 모아 언젠가 가장 좋은 조립품을 살 수 있겠지' 부푼 꿈을 키워 왔지만 이럴 수가, 엄마 아빠가 내 돈을 다 써 버렸다. 다시는 안 속아! 그 후부터 '돈 관리는 직접, 소비는 즉시!'를 외치고 있다.

정 다 해

용돈을 받자마자
은행으로 달려가는 '다해소금'

엄마를 닮아 알뜰 DNA를 타고난 초등학생. 자꾸만 조립품을 사면서 용돈을 물 쓰듯 하는 오빠가 항상 걱정이다. 공부는 백 점, 저축은 만점! 대산이보다 1살 어리지만 누나처럼 똑똑하고 야무져서 경제 전문가인 고모의 사랑을 한 몸에 받고 있다.

정 지 영

텔레비전에 나오는
온가족경제연구소 소장님

타고난 감각과 냉철한 분석력으로 투자 조언을 해 주는 경제 전문가이자 대산이와 다해의 하나뿐인 고모. 대산이네 집에 올 때마다 통 크게 '특별 용돈'을 쏘지만 고모가 주는 돈은 저축하는 게 원칙이다. 물어보면 모르는 게 없는 카리스마 고모가, 대산이는 사실 엄청 자랑스럽다.

항상 싱글벙글인 28살 청년

대산이 엄마와 무려 12살 차이 나는 막내 동생. 마치 큰형처럼 대산이와 함께 게임하고, 놀이동산도 같이 가던 삼촌이었는데 '아파트에 당첨된' 사건 이후 180도 달라졌다. 평일에는 회사 다니느라 바쁘고, 주말에는 아르바이트를 하느라 바쁘다고 한다.

삼 촌

때로는 얄밉지만 가장 죽이 잘 맞는 친구

옆집에 사는 대산이의 가장 친한 친구. 말도 많고 깐족거려서 때로는 얄미워 보이기도 하지만, 누가 뭐래도 대산이와 환상의 콤비다. 대산이는 로운이와 조립품을 만드는 게 가장 즐겁다.

계 로 운

대산이와 다해의 사랑하는 부모님. 엄마는 대파 한 단, 계란 한 판을 살 때도 신중하게 고르는 알뜰살뜰 스타일인 반면, 아빠는 소비를 즐기는 멋쟁이다. 완전히 반대인 성향 탓에 가끔 다투기는 하지만, 그러면서도 손은 꼭 붙잡고 다니는 사이좋은 부부.

엄 마 아 빠

비밀 금고

모두 다 잠이 든 밤이었다. 나는 밤늦도록 잠이 안 왔다. 낮에 로운이와 함께 구경한 항공모함 프라모델이 눈앞에서 어른거려서였다. 마음에서 자꾸 충동이 일어났다.

"낮엔 잘 참았는데……."

로운이는 옆집 친구다. 로운이네 집과 우리 집은 엘리베이터를 사이에 두고 나란히 있다. 로운이는 항상 나를 갈등하게 만든다. '로운이 꾐에 넘어가지 말아야지' 하면서도 알짜 정보를 주니 안 넘어갈 수가 없다. 로운이는 오늘 낮에도 갑자기 나를 찾아와 긴급 뉴스를 전했다.

"대산아, 네가 사고 싶어 했던 항공모함 프라모델 조립품 있잖아? 그걸 지금 조이 매장에서 50퍼센트나 할인해서 판매하고 있어."

조이 매장은 우리 동네의 대형 장난감 할인점이다. 그곳에는 온 세상의 모든 장난감과 조립품, 레고 등이 수북하게 쌓여 있다. 나는 로운이의 말이 믿어지지 않았다.

"정말이야?"

"그렇다니까!"

내가 도전해 보고 싶었던 항공모함 조립품은 그동안 해외 사이트에서 직접 구매해야만 살 수 있었다. 엄마에게 여러 번 졸랐지만 비싸다는 이유로 번번이 거절당했다. 그런데 그 조립품을 할인 매장에서 판매하고 있다니. 더구나 50퍼센트 할인된 가격에!

"대산이 너, 조립도 잘하고 대회에도 나가고 싶어 했잖아. 나야 뭐 조립에 별 취미가 없지만…… 너는 마니아잖아."

로운이는 조립에 취미가 없다고 하지만 내가 조립을 할 때면 꼭 옆에서 끼어들어 더 설쳐댄다. 솔직히 우리는 조립할 때만큼은 환상의 콤비다. 설계도를 보면서 헷갈릴 때 이게 맞다, 저게 맞다, 쿵짝쿵짝 다퉈 가며 조립을 하면 정말 재미

있다.

"이럴 때 장만하면 좋을 텐데. 쩝!"

로운이가 계속 아깝다는 말을 반복하며 은근히 나를 부추겼다. 그 조립품은 아이들뿐만 아니라 프라모델 조립에 취미를 가진 어른들 사이에서도 인기 있는 제품이다. 또 새 모델이 출시될 때면 상금을 내건 조립 대회도 열려 인기가 높다.

"같이 구경 가 보지 않을래?"

로운이의 꼬드김에 나는 결국 자리를 박차고 일어났다. 함께 킥보드를 타고 대형 상가 매장으로 달려갔다. 우리는 킥보드를 내던지듯 입구에 세워 두고 매장으로 들어갔다. 매장 안에는 수많은 장난감이 빽빽이 진열되어 있었다. 그중 조립품이 쌓여 있는 곳으로 갔다. 마인크래프트 시리즈, 건담 시리즈, 전투기 시리즈, 항공모함 시리즈 등 그동안 관심을 갖고 있던 조립품 상자들이 끝없이 쌓여 있었다.

항공모함 조립품은 상자도 컸다. 로운이 말처럼 정말 반값에 팔고 있었다.

"와, 진짜네. 이 조립품은 중고 마켓에서도 아예 구할 수가 없는데 할인된 가격에 팔다니!"

원래는 10만 원이 넘는 고가의 조립품이다. 절약이 몸에 밴 엄마가 이런 고가의 조립품을 사 줄 일은 절대 없다. 가끔 아빠가 중고 마켓에서 나온 지 한참 지난 것들을 사서 주곤 하지만, 봉지째 아예 뜯지 않은 거라면 모를까 대부분 부품이 몇 개씩 사라진 물건들이라 완벽하지 못하다.

로운이가 잠바 주머니에 손을 넣은 채 팔꿈치로 나를 툭 건드리며 말했다.

"사."

"내가 돈이 어딨어!"

"너 세뱃돈이랑 용돈, 네가 직접 관리한다며? 이런 건 살 만하지. 혹시 아냐? 대회 나가서 상금 받게 될지? 그러면 돈도 안 쓰고 조립도 하는 거야. 대회에서 상 타면 애들한테도 자랑할 수 있고. 멋있을 것 같지 않냐?"

로운이가 그럴듯한 논리로 나를 부추겼다. 솔직히 나는 조립에 소질이 있긴 하다. 이번에 항공모함 조립을 해 본 뒤 새 모델 출시 조립 대회에 나간다면 업그레이드 된 버전이라도 잘 해낼 자신이 있었다. 복잡한 조립을 뚝딱뚝딱 완성해 낼 때마다 스스로 '나 약간 천재?' 하며 우쭐해진다.

"50퍼센트 할인이라 해도 너무 비싸잖아. 이걸 샀다가는 엄마한테 쫓겨나지. 그러는 너는 왜 안 사냐?"

　나는 곁눈질로 로운이 표정을 살피며 말
했다.

　"난 조립에 별로 관심 없잖아."

　말은 그렇게 하지만 입맛을 다시는 로운이 입가에서 침이
줄줄 흐르는 게 보였다.

　'얌체 같은 놈! 나를 꼬드겨서 사게 한 뒤 자기는 꼽사리 껴
서 조립하려고.'

"됐다! 가자."

단호하게 말했지만 사실 나는 유혹을 참아 내느라 혼났다. 그런데 지금 이 고요한 밤에 다시 충동이 일었다. 부품을 뜯어내 하나하나 만들어 가는 그 꼼꼼하고 쫀쫀한 맛이 계속 생각났다.

나는 침대에서 벌떡 일어났다.

"그래! 이건 건전한 취미잖아. 두뇌 발전도 돕고 집중력과 끈기도 길러 주는."

내 방 선반에 진열해 둔 여러 조립품들을 바라보았다. 집짓기, 건담 시리즈, 선박 시리즈 등 그동안 내 성취의 결과물들이 자랑스레 전시되어 있었다.

나는 중대한 결심을 했다. 바로 비밀 금고에서 돈을 꺼내기로 한 것이다.

"나쁜 취미도 아니고. 요즘은 어른들도 많이 한다잖아."

나는 비밀 금고를 열기 전에 밖을 살펴야 했다. 언제나 치밀하고 꼼꼼한 나는 식구들이 다 잠들었는지 확인해야만 비밀 금고를 열 수 있다. 방문을 열고 조용히 거실로 나오니 수족관의 푸른 불빛만이 빛나고 있었다. 들리는 소리라고는 어항 산소통에서 나는 뽀글뽀글 물 소리밖에 없었다.

나는 가족들 방을 살폈다. 그 어느 곳도 불빛이 새어 나오는 방은 없었다. 아빠의 코 고는 소리는 거실에도 쩌렁쩌렁 울릴 정도였다. 동생 다해가 오늘따라 일찍 잠든 게 조금 찜 찜했다. 자다가 벌떡벌떡 잘 일어나는 다해가 귀신 머리를 한 채 느닷없이 물을 먹으러 나올 시간이 된 것 같았다. 다해의 물 먹는 소리는 요란해서 예민한 나를 깨울 정도다. 다해 방 문에 귀를 대 보니 자고 있는 게 확실하다.

"휴우."

나는 내 방으로 들어와 방문을 꼭 걸어 잠그며 낮은 목소리로 중얼댔다.

"아이, 참. 비밀 금고를 몰래 관리하는 일은 너무 피곤해. 빨리 어른이 되면 모든 걸 내 맘대로 할 수 있을 텐데."

나는 침대 아래 공간으로 기어 들어갔다.

"그새 몸이 커졌어."

이 집으로 처음 이사 오던 때만 해도 풀방구리에 쥐 드나들 듯 침대 밑을 쉽게 들락거렸다. 그런데 작년부터는 부쩍 몸이 끼기 시작했다. 내가 빼빼 마르긴 했지만 자유롭게 드나들기엔 확실히 비좁다.

침대 밑으로 기어 들어가 침대 바닥면에

테이프로 붙여 놓은 지퍼백을 뜯었다. 굵은 초록 테이프로 어
찌나 단단히 붙여 놓았던지 떼는 데에 애를 좀 먹었다.

　내일은 엄마가 대청소를 한다고 했다. 보나 마나 침대까지
다 들어내면서 야단법석을 떨 게 뻔하다. 잘못하다간 숨겨 놓
은 돈다발을 들킬 수도 있다. 금고 위치를 바꿔야 한다.

지퍼백을 열어 보니 돈은 그대로 있었다. 5만 원짜리 황금색 돈과 만 원짜리 초록색 돈이 제법 도톰한 모양으로 넓게 펼쳐져 있었다. 이 정도면 조립품을 사고도 남을 것 같았다.

"크, 엄마에게 세뱃돈을 안 넘겨서 다행이야."

나는 황금색 돈을 꺼낸 뒤 나머지는 다시 지퍼백에 잘 넣어 두었다. 그리고 유성펜으로 글씨를 썼다.

'내 돈에 절대 손대지 마시오. 내 돈을 만지는 사람에겐 재앙이 따를 것이다!'

글 밑에는 해골바가지도 그려 넣었다.

이제는 위치를 바꿔 다른 장소에 숨겨야 한다. 내 방 안을 둘러보았다. 정말이지 단순하기 짝이 없는 방이다. 비밀 요새 역할을 할 만한 곳은 전혀 없다. 예를 들면 지하라든가, 비밀 통로라든가…….

"헐! 아무리 봐도 마땅한 곳이 없군. 그게 이 방의 문제야."

그러다가 동화책이 빽빽이 꽂혀 있는 책장이 눈에 들어왔다. 엄마가 사다 놓은 세계명작 전집은 오래도록 함께 있다 보니 마치 다 읽은 기분이지만, 사실 몇 권 읽다 말았다. 나는 한쪽의 책을 죄다 꺼냈다. 오래된 먼지가 푸푸 날렸다.

"에취!"

재채기 소리가 너무 컸다. 깜짝 놀라 얼른 입을 틀어막았다.

"식구들 깨면 어쩌려고…… 어휴. 이놈의 알레르기."

한쪽의 책을 들어낸 뒤 책꽂이 바닥에 지퍼백을 넓적한 테이프로 단단히 고정시켰다. 그 위에 다시 책을 꽂아 놓았다. 정말이지 감쪽같았다.

"이곳에 돈이 있으리라고는 아무도 생각 못 하겠지."

왠지 흐뭇해졌다. 내일은 일요일! 날이 밝는 대로 항공모함 조립품을 사러 나갈 것이다.

"그래. 이게 바로 돈을 직접 관리하는 맛이지! 다시는 안 속아. 나도 이제 12살이라고! 12살이면 세상을 알 나이지."

나는 어릴 때 세뱃돈을 받으면 번번이 엄마에게 빼앗겼다. 정확히 9살까지 받았던 세뱃돈들은 몽땅 사라졌다. 엄마는 '저축해 줄게' 하며 돈을 가져갔지만, 저축해 준다던 돈을 나는 한 번도 본 적이 없었다.

이 아파트로 이사를 오고 나서 처음으로 맞은 새해부터 나는 세뱃돈을 절대 내놓지 않았다. 10살 때의 일이었다. 엄마는 내 돈을 빼앗기 위해 나를 들들 볶았다.

"엄마가 저축해 준다고 했잖아. 너 용돈도 받고 있잖니. 애들이 그렇게 돈 많이 갖고 다니면 못 써!"

저축? 천만의 말씀, 만만의 말씀이다! 내가 무슨 5살도 아니고. 내가 강하게 반발을 하자 그때 비교적 양심적인 아빠가 솔직하게 털어놓았다.

"대산아, 미안해. 사실 네 돌 반지랑 세뱃돈 저축해 놓았던 것은 이 집 들어올 때 다 보탰어. 그 대신 너한테 다해 방보다 큰 방을 줬잖니."

이 집으로 이사 왔을 때 엄마 아빠는 세상을 다 가진 사람들처럼 좋아했다.

"애들아, 드디어 우리 집이 생겼어. 이제부터는 이사 안 다녀도 돼."

엄마 아빠는 기쁘게 떠들었고, 나도 사실 엄청 좋았다. 전에 살던 집보다 훨씬 크고 깨끗한 새 집이었던 데다 내 방도 훨씬 넓어졌기 때문이다. 이제는 이사를 안 해도 된다는 말이 가장 솔깃했다. 이사는 정말 귀찮다. 아무리 그렇다 해도 저축해 준다고 가져간 돈을 맘대로 써 버린 것은 절대 용서할 수 없었다. 나한테 허락도 없이 말이다!

그해 설날 아침에 나는 가족들에게 '10살의 선언'을 했다.

"나 정대산은 올해 10살을 맞이해 더 이상 세뱃돈을 넘겨 주지 않기로 선언합니다!"

그때부터 12살이 된 지금까지, 나는 3년째 스스로 돈을 보관하고 있다. 나는 아무도 못 믿는다. 내 생각에 이 세상은 너무 거칠다. 곳곳에 내 돈을 노리는 사람이 너무 많다. 마치 유튜브에서 본 초원의 하이에나처럼! 그러니 철통같이 내 돈을 지켜야 한다.

용돈을 왜
아껴 써야 하는 걸까?

Q 왜 저축을 해야 하나요?

엄마, 아빠가 용돈을 주시면서 '아껴 써야 한다!', 세뱃돈을 주시면서 '저축해야 한다!' 하고 말하는 걸 들어 봤을 거야. 물론 지금은 부모님께 용돈을 받으니까, 그리고 필요한 물건이 있으면 부모님께 사 달라고 하면 되니까 왜 저축을 해야 하는지 모를 수도 있어. 하지만 저축은 반드시 필요하단다.

저축은 '미래의 나에게 주는 선물'이라고 이해하면 쉬워. 예를 들어 이번 달 용돈을 다 써 버렸는데 꼭 갖고 싶은 조립품이 나왔다거나, 친구의 생일 선물을 사야 한다면 어떨까? 저축해 둔 돈이 없다면 무척 곤란해지겠지. 엄마, 아빠에게 돈을 달라고 하면 '지난번에 준 용돈은 어쩌고!' 하면서 혼날지도 몰라. 그러니 오늘 당장을 위해서가 아니라, 나중에 돈이 꼭 필요해지는 순간을 위해 저축 습관을 들여야 하는 거란다.

Q 내 방에도 저금통이 있는데, 왜 꼭 통장에 저축해야 해요? 언제든 꺼내 쓰고 싶은데…….

먼저 은행은 우리의 돈을 안전하게 보관해 주기 때문이야. 저금통을 잃어버리거나, 도둑이 훔쳐 가면 어떡해? 그러면 먹고 싶은 걸 참으며 열심히 저축한 보람이 없어지는걸. 하지만 은행에 맡기면 돈을 잘 지켜주니까 돈이 사라질 위험이 없지.

그리고 무엇보다도 은행에 돈을 맡기면 '이자'라는 보너스가 생긴단다. 이자는 내가 돈을 은행에 맡긴 대가로 은행이 조금씩 더 해 주는 돈이야. 1만 원을 저축해도 은행이 좀 더 보태 주기 때문에 나중에 돈을 찾을 때는 1만 원보다 더 많은 돈을 받을 수 있지. 우리가 돈을 저축하면 은행은 그 돈을 활용해서 돈이 필요한 다른 사람에게 빌려주기도 하고, 기업에 투자를 하기도 하거든. 이자란 우리 돈에 대한 '사용료'라고나 할까? 그렇게 우리 경제에 돈이 돌고 도는 거야.

은행에 돈을 맡기면 안전하게 보관할 수 있고, 이자도 받을 수 있고, 우리 경제에도 보탬이 되니까 일석 삼조라고 할 수 있지!

엄마 몰래 사 버린 항공모함 프라모델

일요일 아침, 투명한 10월의 햇살이 방에 길게 드리워졌다. 나는 일어나자마자 엄마에게로 갔다. 몹시 피곤한 듯 미간을 잔뜩 좁힌 뒤 목소리를 깔았다.

"어후, 어제 늦게까지 책 읽다 잤더니……."

"아이구, 어쩐 일이래. 책을 다 읽고?"

엄마가 의심 반, 믿음 반이 섞인 눈길로 나를 흘끗 돌아보았다.

"그래서 말인데요. 나 강박증 있는 거 알죠? 요즘 독서 욕구가 한창인데 내 방 책꽂이를 엄마 맘대로 바꾼다든가 하지 마세요. 지금 순서대로 읽는 중이니까. 대청소 같은 건 오늘로 끝이었으면 좋겠어요."

까칠하게 한마디 던지고는 문을 쾅 닫고 내 방으로 들어왔다. 사실 조립을 할 때 나는 약간의 강박이 있긴 하다. 방바닥에 늘어놓고 조립을 하는 중에 엄마가 방을 치운다거나 하면 나는 질색한다.

거실에서 엄마 아빠가 대화하는 소리가 들려왔다.

"독서에 흥미가 생겼다니 별일이네? 이제 대산이 저 녀석이 공부 좀 하려고 그러나?"

엄마의 반색에 아빠 말소리도 들려왔다.

"근데 저 녀석, 요즘 툭하면 방문 쾅 닫고 들어가던데 사춘기가 왔나?"

"사춘기는 벌써 왔지. 세뱃돈 가져가지 말라고 선언하던 10살 때가 이미 사춘기의 시작이었다니까."

그때 다해가 내 방문을 확 열었다.

"뭐야? 예의 없이."

내가 얼굴을 확 구겼다.

"칫, 남매 사이에 무슨 예의? 근데 오빠 어젯밤에 늦게까지 방에 불 켜 놓은 것 같더라. 누구랑 속닥속닥 떠드는 것 같던데. 그게 책 읽고 있던 거야?"

'헉. 그새 또 물을 먹으러 나왔나? 혹시나 내 방문을 열고 훔쳐 본 건 아니겠지? 아니야. 어제 분명히 문을 잠갔어.'

나는 더 신경질적으로 말했다.

"그렇다니까! 너도 웬만하면 책 좀 읽어라. 세상을 배우기에 책만 한 것이 없단다, 동생아."

"그건 내가 오빠한테 해야 할 충고 아니야? 웃기고 있네!"

다해는 문을 쾅 닫아 버렸다. 나는 닫힌 문을 향해 '저 조그만 게' 하고 주먹을 쥐었다가 내렸다.

아침을 먹은 뒤 엄마와 아빠는 베란다를 치운다, 유리창을 닦는다, 바쁘게 대청소를 했다. 이 집으로 이사 온 뒤로 반년에 한 번씩 꼭 대청소를 한다. 다행히 내 방은 청소기만 돌리고 끝냈다.

나는 조립품을 사러 갈 생각에 아침부터 기분이 좋았다. 엄마도 50퍼센트 할인된 가격에 샀다고 하면 크게 야단치지 않을 것 같았다. 더구나 오늘은 아빠도 집에 있으니 나를 응원해 줄 것이다.

아빠는 엄마 몰래 우리가 사고 싶어 하는 것들을 슬쩍슬쩍 사 준다. 내가 완성시킨 조립품은 다 아빠가 사 준 것이다. 다해가 휴대폰 타령을 했을 때도 엄마는 절대 사 주지 않았지만 아빠가 몰래 데리고 나가 사 줬다. 그날 엄마와 아빠는 큰소리로 싸웠다.

엄마 아빠가 싸울 때는 결국 항상 돈 얘기로 끝난다. 엄마는 말끝마다, "그렇게 돈 쓰면 대출금은 언제 갚아?"라는 말을 반복한다. 그러면 아빠의 대답도 거의 똑같다.

"당신도 참, 사람이 좀 즐기기도 하고 여유를 갖고 살아야지. 너무 걱정하지 마. 괜찮아."

두 분은 내가 볼 때 스타일이 좀 다르다. 엄마는 알뜰살뜰 모으는 스타일이지만 아빠는 '오늘을 즐기며 살자'를 외치며 가끔 충동구매를 한다. 사실 나는 알뜰살뜰한 엄마 때문에 때로는 숨이 막히는데 그 숨을 아빠가 풀어 준다. 오늘도 아빠는 분명 내 편을 들어 줄 것이다.

"그래, 아빠 말대로 소중한 오늘을 즐기며 살아야지."

나는 조용히 집을 빠져나왔다. '옆집 로운이를 불러내 같이 갈까?' 하다가 그만두었다. 자기는 구두쇠처럼 돈도 안 쓰면서 나를 충동질하는 게 얄미웠다.

나는 킥보드를 타고 휘파람을 불면서 힘차게 지하철역 부근 대형 상가로 향했다. 조이 매장으로 들어가 이것저것 조립품들을 구경했다. 그리고 내가 그토록 사고 싶었던 항공모함 조립품을 들고 나와 계산을 마쳤다. 큰돈을 썼지만 원래 가격의 절반에 샀으므로 왠지 돈을 번 것처럼 뿌듯했다.

조립 상자를 배낭에 담아 어깨에 멨다. 킥보드에 발을 올리려는 순간 로운이한테 메시지가 왔다.

어디야? 이따 놀 수 있어?

나 조이에 왔어. 항공모함 조립품 샀어.

진짜? 대박! 그럴 줄 알았어. ㅋㅋ 이따 갈게.

얄미운 녀석. 그럴 줄 알았다니. 나를 꼬드긴 게 먹혔다는 뜻일 것이다. 하지만 크게 싫지는 않았다. 다른 친구들은 이런 복잡한 조립을 싫어한다. 끝까지 집중하며 꼼꼼히 들여다봐야 하니 산만한 아이들은 나를 이해하지 못한다. 하지만 로운이는 내가 조립에 막혀 고민할 때 곁에서 이런저런 훈수를 두며 함께해 준다. 막혔던 부분이 하나하나 풀리며 완성으로 향할 때의 그 기쁨은 아무도 모를 것이다.

집으로 들어가자 어느새 대청소는 다 끝나 있었다. 나는 잽싸게 방에 들어가 일단 침대 밑에 상자를 숨겼다. 그런데 언제 따라 들어왔는지 다해가 이 모습을 지켜보고 있었다. 다해는 커다래진 눈으로 느닷없이 엄마를 불렀다.

"엄마! 오빠 조립품 샀어."

얼른 일어나 다해의 입을 틀어막으려는데, 그새 엄마 아빠가 빛의 속도로 내 방으로 들어왔다.

"어디 갔나 했더니……. 이 비싼 조립품 사러 갔던 거야?"

엄마 눈이 세모꼴로 바뀌며 대번에 눈꼬리가 올라갔다.

"싸게 샀어요. 반값 할인이었거든요. 오히려 돈을 번 거지!"

나는 일부러 더 대수롭지 않게 말했다. 하지만 엄마 얼굴은 싸늘하게 바뀌었다.

"아무리 그래도 이런 비싼 장난감을 네 맘대로 사다니! 그래서 아이들한테 돈을 맡기면 안 되는 거라고."

"장난감이라고 하지 마세요. 조립은 두뇌 발전에도 도움이 된다고 했어요. 그리고 내 돈 주고 산 건데 엄마가 무슨 상관이야?"

"아무리 네 돈이어도 이런 고가의 장난감을 살 때는 엄마, 아빠한테 허락을 맡아야지. 가서 당장 환불해 와."

엄마가 굳이 침대 밑으로 몸을 구겨 넣어 상자를 꺼내 내게 안겼다.

"싫다고!"

나도 고음의 갈라진 목소리로 반항했다. 아빠가 거들어 주길 바라며 구원의 눈길을 보냈다. 아빠는 나와 엄마를 번갈아 보고 한숨을 쉬더니 겨우 입을 열었다.

"여보, 이왕 산 거니 이번에는 그냥 둡시다. 조립은 학습에
도 도움이 된다고 하니."

그런데 그 말은 엄마의 화를 더 돋우고 말았다.

"당신이 이러니까 문제야. 어릴 때부터 경제관념을 심어 주고 항상 계획적으로 살라고 가르쳐야지, 어떻게 사고 싶은 거 다 사면서 살아? 우리도 사고 싶은 거 다 사면서 살았으면 저축도 못 했고 지금 이 집에 살지도 못했을 거야!”

그 말에 아빠가 갑작스레 나한테 화를 냈다.

“대산이 이 녀석! 다음에 또 네 맘대로 함부로 돈 쓰면 혼날 줄 알아.”

아빠가 호통을 쳤음에도 엄마는 성에 안 차는지 아빠에게 화풀이를 했다.

“당신도 애들을 혼내려면 좀 제대로 혼내. 이따 가족회의를 좀 해야겠어.”

엄마가 씩씩대며 방을 나갔고 아빠도 따라 나갔다. 왠지 불길한 느낌이 들었다. 분명 이 일을 계기로 돈을 내놓으라고 할 게 뻔했다.

“쯧쯧쯧! 오빠는 돈을 펑펑 써서 큰일이야. 언제 철들래?”

다해가 혀를 끌끌 차면서 내 방을 나갔다. 항상 어른 흉내를 내며 잘난 척을 하는 다해는 나의 천적이었지만, 오늘따라 동생이 더욱 눈꼴시어 보였다.

엄마와 한바탕 말다툼을 한 뒤라 분위기는 어색했다. 하지만 집 안에서는 구수한 멸치 국물 냄새가 훈훈하게 풍겼다. 엄마는 소고기를 볶고, 김치를 송송 썰어 놓고 계란 지단을 부치는 등 바쁘게 점심 준비를 했다.

"엄마, 오늘 고모 와?"

다해가 멸치 국물 냄새를 킁킁 맡더니 물었다. 고모는 잔치 국수를 좋아해서 고모가 오는 날이면 밥상에는 항상 잔치 국수가 올라오곤 한다.

"응. 너희들 고모한테 예쁘게 보이면 용돈 팍팍 생기는 거

43

알지? 고모가 뭐 물으면 예의 바르게 대답하고. 알겠지? 특히 대산이. 요즘 퉁명스레 구는 거 엄마도 보기 싫어!"

아빠의 누나인 고모가 온다고 했다. 고모는 '온가족경제연구소'의 소장님이다. 투자와 관련된 것들을 분석하고 알려 주는 일을 한다고 하는데, 그래서인지 텔레비전에도 가끔 나온다. 그래프와 표를 보여 주면서 아나운서들의 질문에 또랑또랑하게 대답하는 고모는 왠지 멋있어 보였다.

잠시 후 고모가 왔다. 한껏 코맹맹이 소리로 동생 다해의 이름을 부르는 고모 목소리가 들려왔다.

"다해야~ 고모 왔당."

"와! 고모."

다해가 좋아서 어쩔 줄 모르는 강아지처럼 고모를 반겼다. 고모 얼굴이 행복으로 감싸였다.

"고모 닮은 똑순이. 내 애제자. 우리 다해 잘 있었지?"

고모는 다해를 '애제자'로 부른다. 동글동글 복스러운 얼굴도 고모랑 똑 닮았지만, 고모가 무슨 말을 하면 똑똑하게 잘 알아듣고 시키는 대로 한다. 저축을 하라고 하면 곧바로 저금통을 사다가 저축을 하고, 용돈 기입장을 써 보라고 하면 즉시 용돈 기입장을 쓴다. 그러니 고모가 안 예뻐할 수가 없다.

고모랑 다해가 서로 끌어안고 반가워하는 모습이 보기 싫어

나는 외면했다. 그러자 고모가 나와 눈을 맞췄다.

"어유, 우리 대산이도 잘 있었어?"

"네."

"아이구, 이 녀석 목소리 까는 것 좀 봐. 변성기가 오나?"

고모가 손을 뻗어 내 머리카락을 흩뜨려 놓았다.

"어머나, 대산이 키 큰 것 좀 봐. 이제 손을 위로 뻗어야 하네."

고모는 대견한 듯 나를 바라보았다. 이어 엄마가 상냥하게 말했다.

"형님, 얼굴이 더 보기 좋아졌어요. 새로 이사 간 동네는 어떠세요?"

엄마는 고모만 오면 엄청 반긴다. 왜냐하면 경제에 관련된 여러 가지 솔깃한 정보를 주기 때문이다. 고모는 얼마 전 부자들만 산다는 동네로 이사를 갔다고 했다. 그래서일까? 내 눈에 고모 얼굴이 괜히 달라 보였다. 텔레비전 드라마에 나오는 부자 같은 느낌이 난다고 해야 하나?

오랜만에 점심을 먹으며 아빠와 고모는 한참 이야기를 나눴다.

"역시 우리 올케 잔치 국수 맛은 최고라니까. 너무 맛있게 먹었네."

아빠는 얼마 전 독립해서 이사를 갔다는 고모의 아들 민호 형의 안부를 물었다.

"민호는 일찌감치 집 문제를 해결했으니 정말 대단해. 누나가 어릴 때부터 경제 교육을 잘 시킨 덕분인가 봐."

아빠 말에 엄마도 맞장구를 쳤다.

"맞아요. 그래서 어릴 때 교육이 중요한가 봐요. 형님이 우리 애들도 좀 코치해 주세요. 우리 대산이 때문에 아주 속상해요."

어른들의 시선이 나에게 쏠렸다. 잽싸게 물을 먹고 식탁에서 일어나려는데 고모가 내 이름을 다정하게 불렀다.

"대산아, 민호 형아 지금 몇 살인지 알아?"

민호 형은 몇 년 전에 대학을 졸업하고 회사에 들어갔다는 정도만 알고 있다.

"형 나이요? 몰라요. 30살 됐나?"

"응 맞아. 지금 딱 30살이야. 근데 형은 벌써 자기 집을 마련해서 혼자 살아. 어떻게 그랬을까?"

고모의 대화 필살기가 드디어 시작됐다. 상냥한 목소리로 살살 질문을 던지면서 답을 유도해 내는 고모는 확실히 고단수다. 윽박지르거나 싸움부터 시작하려는 엄마와는 다르다고 생각했다.

"그야 뭐…… 고모가 그쪽으로 전문가니까 고모가 시키는 대로 했겠죠."

내가 뚱하게 대답했다.

"맞아. 민호 형은 고모가 코치를 하면 순순히 잘 따랐어. 어릴 때부터 일찌감치 청약저축도 들어 놓고, 취직해서 첫 월급을 받은 날부터 꼬박꼬박 저축도 잘했지. 어느 정도 큰돈이 모일 때까지는 아껴 쓰면서 모아야 하거든. 그걸 보고 '시드 머니'라고도 하지. 그래서 남들은 백화점에서 비싼 옷을 살 때도 형은 월급을 아껴 쓰면서 알뜰히 저축했어. 그러다 보니 내 집 마련의 기회가 남들보다 빨리 온 거야."

고모가 그 다음 질문을 던졌다.

"대산아, 너희 외삼촌은 지금 몇 살이지?"

고모는 뜬금없이 외삼촌에 대해 물었다. 외삼촌은 엄마보다 12살이나 어린 막내 동생으로, 큰형처럼 친근하다. 나는 삼촌의 나이를 몰라 대신 엄마를 바라보았다.

"외삼촌 28살이지."

엄마가 나 대신 대답해 주었고, 고모는 다시 내게 물었다.

"너희 외삼촌, 얼마 전에 하늘에서 집이 뚝 떨어진 거 알고 있지?"

고모의 말을 듣고 나는 깜짝 놀라 되물었다.

"하늘에서 집이 떨어졌다고요?"

"호호. 아파트 당첨됐으니까 하늘에서 집이 뚝 떨어진 거나 마찬가지지."

"에이, 난 또 뭐라고……."

내가 맥 빠지는 반응을 보이자, 고모가 검지 손가락을 좌우로 흔들며 말했다.

"에이라니! 사돈총각이 예전에 17살에 서울 올라왔을 때 내가 청약저축에 가입하라고 잔소리를 한 덕분에 일찌감치 당첨이 된 거야. 엄청난 경쟁률을 뚫고 말이야!"

"역시 형님은 젊은이들의 멘토라니까!"

엄마가 고모를 한껏 추켜세웠다. 삼촌이 '고모 덕분에 아파트에 당첨됐다'는 말은 여러 번 들은 적이 있다.

시골에 살던 외삼촌은 17살에 서울 큰삼촌이랑 함께 살게 되었고, 그때 누나인 엄마를 찾아왔다가 하필 고모를 만나게 됐다고 한다. 그날 고모는 당장 주택청약통장부터 만들도록 잔소리를 했고, 덕분에 삼촌은 정말 얼떨결에 청약통장을 만들었다. 이후 10년 동안이나 매달 저축을 해 왔는데 27살이 된 작년에 마침내 아파트에 당첨이 됐다는 이야기.

아빠와 엄마는 항상 '전설 같은 일'이라며 몇 번이고 삼촌 이야기를 했지만 솔직히 나는 잘 모르는 데다 관심도 없다. 아파트에 당첨된다는 게 대체 뭔데? 더 좋은 집으로 이사 갈 수 있게 해 주는 건가?

그때 다해가 톡 끼어들었다.

"고모, 나도 청약저축에 가입되어 있어요. 나 초등학교 입학 날 엄마랑 은행에 가서 통장을 만들었잖아요. 나는 통장에 돈 엄청 많아."

'으이그, 또 통장 자랑!'

다해가 나대는 꼴이 보기 싫어 미간을 한껏 찌푸렸다. 나보다 한 살 어린 다해는 정말 극성스럽다. 욕심도 얼마나 많은지 내가 당해 낼 수가 없다. 한마디로 '센 동생'이다. 센 동생에게 나는 종종 기가 눌리기도 하지만, 까칠함을 무기로 내세워 끝까지 버티는 중이다.

"나는 부자라니까!"

다해가 으스댔다. 그러더니 기분 나쁜 말을 했다.

"오빠는 참 바보 같아. 돈을 움켜쥐고 있어 봐야 하나도 안 늘잖아. 은행에 넣어 두면 돈도 안 쓰게 되고 이자도 붙는데."

그 말에 자존심이 상했다.

"정다해! 됐다고. 난 관심 없다고!"

저축은 어른 돼서 해도 되는 거 아닌가? 왜 그렇게 저축, 저축 노래를 하는 건지 못마땅했다. 그리고 식구들이 청약, 청

약 떠들어도 솔직히 나는 청약이 뭔지도 잘 모른다. 그런데 왠지 아는 척해야 할 것 같아 거드름까지 피우면서 말했다.

"그깟 청약, 뭐 어른 돼서 하면 되지."

그런데 고모의 질문 화살이 바로 날아왔다.

"대산이는 청약이 뭔지 알아?"

나는 당황스러워서 말을 더듬었다.

"뭐……. 은행 가면 만들어 주는 거잖아요."

51

얼버무리듯 말하자 고모가 똑 부러지는 말투로 설명을 했다.

"일단 청약이란 단어는 '어떤 계약을 하겠다는 것을 목적으로 자기 의사를 확실히 표시하는 것'이란 뜻이야. 그리고 우리나라에는 '주택청약 제도'라는 것이 있지. 주택청약은 새로 지어진 주택, 즉 집을 사기 위한 자격을 갖추겠다는 뜻으로 미리 은행에 통장을 만들어 두는 것을 말해. 즉, 은행에서 청약저축 통장을 만들어 놓고 일정한 자격을 갖춘 사람들에게 새 아파트를 신청해 살 수 있는 자격을 주는 제도지."

고모는 설명을 이어 나갔다.

"주택청약 제도는 정부가 무주택 서민들에게 아파트 공급을 늘려 주고 재원을 마련하고자 만든 제도야. 청약통장에 예금한 사람들만이 아파트 청약을 할 수 있게 한 것이지."

무주택? 아파트 공급? 재원? 다 무슨 뜻이지? 알쏭달쏭한 표정을 짓는 나에게 고모는 부드럽게 미소를 지으며 한마디를 덧붙였다.

"아주 쉽게 말하면, 자기 집이 없는 사람들이 좀 더 좋은 조건으로 아파트를 살 수 있도록 정부가 마련해 놓은 제도야."

자기 집이 없다니, 그럼 어디에 산다는 걸까? 고개를 갸웃거리자 고모가 웃으며 내 머리를 마구 헤쳐 놓았다.

"예전의 민호 형처럼 부모님 집에 함께 살거나, 다른 사람의 집을 빌려서 살고 있다면 자기 집이 없다고 할 수 있지. 고모도 젊었을 때는 고모부가 한동안 다른 지역에서 일하게 돼서 다른 사람의 집을 빌려서 살았던 적이 있어. 집이 여러 채 있는 사람들은 일정 기간 동안 돈을 받고 다른 사람에게 집을 빌려주기도 하거든. 그런 사람들을 위해 생겨난 제도가 바로 주택청약 제도지."

고모 말을 듣다 보니 저절로 궁금한 게 생겨서 나는 제법 진지하게 질문을 했다.

"그런데 그걸 우리 같은 애들도 가입할 수 있다고요?"

"당연하지. 집 사려면 돈이 많이 들잖니. 그래서 어릴 때부터 준비를 하는 거야. 청약 제도를 잘 이용하면 좋은 조건과 훨씬 싼 가격으로 내 집 마련을 할 수 있거든."

돈 얘기만 나오면 눈이 초롱초롱해지는 다해도 질문을 던졌다.

"고모, 그럼 청약통장을 만들면 나도 아파트에 바로 당첨될 수 있어?"

우리가 관심을 보이자 고모 목소리에 금방 생기가 돌았다.

"그건 아니야. 땅은 무한하지 않은데 집을 원하는 사람이 너무 많다 보니, 여러 기준을 정해서 사람들 사이에 순위를

정해 준단다. 그래서 주택청약저축에 가입한 뒤 꾸준히 저축을 해 두면 어느 순간 1순위 자격을 얻게 되지. 그러면 나중에 아파트를 새로 지을 때 신청을 해 볼 수 있어. 단, 19세 성인이 되어야만 해. 그래서 너희 같은 아이들은 어릴 때부터 꾸준히 저축을 하면서 미래를 준비하는 게 중요해. 그러다 보면 외삼촌처럼 아파트 당첨의 순간이 오기도 하거든."

나는 잠시 삼촌 얼굴을 떠올렸다. 항상 '이 촌놈이 말이야'라는 말을 입에 달고 다니면서 활기 넘치게 사는 삼촌. 얼마 전엔 우리 집 가까이로 이사를 왔다. 우리 집에 오면 밥을 두 그릇씩 먹고, 갈 때는 엄마가 만든 밑반찬까지 얻어 가면서

'아싸! 돈 굳었다'를 외치는 넉살 좋은 삼촌이다.

그런 삼촌이 서울의 아파트에 당첨되어서 모두의 축하를 한 몸에 받았다. 게다가 삼촌이 당첨된 아파트는 황금 역세권이라고 하는데, 무슨 말인지 나는 잘 모르겠다. 엄마 아빠가 호들갑을 떠는 게 솔직히 의아할 때도 많다.

"얘들아, 고모 말 잘 들었지? 그러니 부지런히 저축하면 너희도 아파트 당첨을 꿈꿀 수 있어. 알아?"

엄마가 우리를 번갈아 보며 말했다. 아빠는 외삼촌이 정말 운 좋았다며 한참 떠들었다.

"가점제로 하면 젊은 사람들이 불리한데 처남은 정말 운이 좋아. 어린 나이에 벌써 서울에 내 집을 갖게 되었으니."

아빠 말에 고모는 미소를 띠며 말했다.

"가점제로만 청약 신청을 받는다면 젊은이들은 청약 당첨을 꿈도 꿀 수 없겠지. 청약에는 점수를 따지는 가점제도 있지만 추첨제도 있어서 누구나 꿈꿔 볼 수 있는 거야."

그러자 다해가 고개를 갸웃거리며 물었다.

"고모, 가점제는 뭐고 추첨제는 뭔데? 무슨 점수를 따져? 우리 학교에서 시험 보는 것처럼 시험 잘 봐서 점수 높으면 당첨시켜 주는 거야?"

다해 질문에 어른들이 하하 웃음을 터뜨렸다. 고모는 다해가 귀여워 죽겠다는 듯 볼을 살짝 꼬집으며 말했다.

"아이고, 우리 똑순이는 정말 궁금한 것도 많아. 고모가 설명해 줄게."

고모는 또 다시 나긋한 목소리로 설명하기 시작했다.

"가점제라는 것은, 여러 조건 중 자기가 해당하는 조건의 점수를 더해서 점수가 높은 사람을 먼저 당첨시켜 주는 거야. 점수를 더한다고 해서 가점제라고 해. '여기 반찬 추가요!' 할 때의 '가'가 더한다는 뜻이거든. 예를 들어 오랫동안 자기 집이 없었거나, 자녀가 많거나, 부모님을 모시고 살거나 할 경우 점수를 더 줘서 당첨될 확률을 높여 주지. 그러다 보니 젊은 사람은 가점제로 청약에 당첨되기가 하늘의 별 따기야."

"젊어도 오랫동안 자기 집이 없을 수 있잖아. 나도 엄마, 아빠 집에 산 거니까 집이 없는 지 벌써 11년이 됐는데."

다해가 고개를 갸웃거리며 말했다.

"어린 나이에 부모님과 함께 사는 건 당연하지. 집이 없는 기간은 30살 이후부터 센단다. 그 전에 결혼하면 그때부터 세는 거고."

'에이, 그럼 우리 같은 아이들은 아무런 이득이 없잖아.'

나는 그만 김이 팍 새 버렸다. 다해도 실망한 것 같았다.

"그래서 추첨제라는 제도가 만들어진 거란다. 추첨제는 점수와 관련 없이 청약저축에 가입해 1순위 자격만 갖추면 추첨해서 당첨시켜 주는 거야. 너희 외삼촌도 그 추첨제로 당첨이 된 거고."

고모는 텔레비전 방송에서 전문가답게 똑 부러지는 말소리와 거침없는 입담으로 인기를 끌고 있다. 그런데 다해 앞에서는 버터 쿠키처럼 조곤조곤 부드럽게 이야기를 했다. 어른들만 알아야 할 것 같은 청약 제도가 우리 같은 아이들과도 관련이 있다는 게 놀라웠다.

고모가 다시 한번 내 이름을 다정하게 불렀다.

"대산아, 고모가 지금 무슨 말을 하려고 우리 대산이를 불렀을까?"

고모의 나긋한 목소리가 나를 칭칭 감으며 살살 끌어당겼다.

"그야 뭐…… 저축…….."

"그래 맞아. 우리 대산이도 청약에 가입해야 하지 않을까? 고모 생각은 그런데 대산이는 어때?"

나는 어느새 거미줄에 걸려 옴짝달싹 못 하는 나비처럼 얌전하게 고모의 말을 듣고 있었다.

"대산아, 8년 후면 너도 성인이야. 어른이 되면 독립할 준비를 해야 하지 않겠니? 엄마 아빠 곁을 떠나 당당히 어른이 되는 거지. 그러려면 지금부터 저축을 하면서 어른이 될 준비를 조금씩 해야 하지 않을까?"

'헉! 8년 뒤면 내가 어른이 된다고? 정말?'

아직 초딩인데 앞으로 8년만 있으면 내가 성인이 된다는 사실은 좀 놀라웠다. 게다가 고모는 내가 독립하고 싶어 하는 것을 어떻게 알아챘을까.

"대산아, 네가 아무리 돈을 땅속에 파묻든, 금고에 감추든 그 돈은 갇힌 돈이야."

그 말을 듣고 또 다시 놀랐다.

'헉! 숨겨 둔 거 맞잖아. 책 밑에 꽁꽁 숨겼잖아.'

나는 침을 꼴깍 삼켰다. 어느새 고모의 카리스마에 휘둘리고 있었다.

초등학생도
청약저축을 알아야 할까?

Q 이제 청약이 뭔지는 알겠어요. 그런데 난 아직 초등
학생인데, 벌써 청약통장을 만들어야 하나요?

일단 청약통장에는 일반 저축통장과는 완전히 다른 기능이 있어.
저축을 할 수 있는 건 물론이고, 새로 짓는 아파트를 신청해 볼 수
도 있으니까! 게임으로 비유하자면 단거리 공격과 원거리 공격
기능을 다 갖춘 무기랄까? 어때, 조금 솔깃하지 않니?

그리고 고모가 '가점제'를 앞에서 알려 주었지? 여러 조건 중 내
가 해당하는 조건의 점수를 더해서 점수가 높은 등수대로 당첨
시켜 준다고 말이야. 그 가점제를 따지는 조건 중 '청약통장 가입
기간'이 있단다. 가입한 지 15년이 넘으면 17점으로 이 조건에서
만점을 받을 수 있어. 14살부터 가입 기간으로 인정되니까, 14살
에 만든 후 29살이 되면 '가입 기간' 조건에서 만점을 받는 거지.
만들자마자 큰돈을 저축할 필요는 없어. 단지 갖고 있기만 해도

네 점수가 쌓이는 거야. 말하자면 공부하지 않아도, 시험을 보지 않아도 한 과목에서는 만점을 받는 거나 마찬가지야. 근사하지 않아? 초등학생 때부터 청약통장을 만들어서 저축하는 습관을 들이면 더 성숙하게 차곡차곡 미래를 준비해 갈 수 있을 거야.

Q 청약통장에 용돈을 다 넣었는데 갑자기 돈이 필요해지면 어떡해요? 돈을 꺼내 써도 되나요?

청약통장은 돈을 넣을 수는 있지만, 없애지 않는 한 돈을 꺼내지는 못해. 게다가 통장을 없애고 다시 만들면 점수도 사라지지. 게임에서 기껏 레벨을 올려 놓았는데, 저장을 하지 않으면 처음부터 다시 시작해야 하잖아. 똑같은 거야. 그래서 충분히 고민한 후에 저축을 해야 하지. 만약 이번 달 용돈이 부족하다면? 청약저축을 건너뛰어도 괜찮아! 청약통장은 단지 오랫동안 갖고 있는 것만으로도 점수가 쌓이는 통장이니까, 꼭 한 달에 얼마를 넣어야 한다고 생각할 필요는 없어.

축 탄생, 청린이 2호

고모는 차분히 말을 이어 나갔다.

"은행은 돈을 안전하게 지켜 주면서 이리저리로 돌게 하는 역할을 하지. 그래서 네가 은행에 돈을 맡기면 은행이 네 돈을 빌려 쓰는 대가로 일정한 비율의 돈을 보너스로 줘. 그걸 이자라고 해. 오랜 기간 저축해 꾸준히 돈을 모으면 그 돈은 우리 경제에 필요한 곳으로 돌고 돌아 결국 네게 '이자'라는 선물과 '신용'이라는 믿음을 주고 더 나아가 '집'이라는 선물을 가져다줄 수도 있어."

고모는 은행에 저축을 하면 이자도 늘고 나의 신용도 높아져 나중에 돈이 필요할 때 돈도 빌려 쓸 수 있다고 했다. 또 청약통장을 만들면 아파트에 당첨될 수 있는 자격도 주어지니 일거양득이라고 했다.

과연 고개를 끄덕이게 만드는 말이라 하마터면 '알겠어요'라고 대답할 뻔했다. 그때 엄마가 우격다짐하듯 나를 몰아붙이는 바람에 정신이 퍼뜩 났다.

"그러니까 은행에 저금을 해야지, 안 그래? 정대산!"

그 말에 오기가 생겼다. 내가 누군가? 우리 정씨 집안의 까칠이. 결코 호락호락 넘어갈 수는 없다. 나는 당당하게 말했다.

"저는 한 번 속지, 두 번은 안 속아요. 고모."

그러자 다해가 톡 끼어들어 목소리를 높였다.

"고모, 오빠는 돈을 감춰 놓고 자기 사고 싶은 거 다 사면서 돈을 펑펑 써요. 아니 글쎄, 오늘도 비싼 조립품을 사 와서 한바탕 난리가 났다니까요. 그 문제로 저녁엔 또 지루한 가족회의를 해야 한다고."

다해가 촉새같이 조금 전의 일을 쪼르르 일러바쳤다. 그러고는 또 어른 흉내 내듯 내게 훈계를 했다.

"오빠, 고모가 누구야? 온 가족 경제를 책임지는 온가족경제연구소의 소장님이셔. 유치하게 굴지 말고 제발 말 듣자."

'허 참! 기가 막혀. 저게 확.'

동생 머리에 꿀밤을 먹이고 싶었
지만 꾹 참았다. 다해가 다시 말을 이어
나갔다.

"나는 1학년 때 들은 청약통장에 돈이 차곡차곡
쌓이고 있어. 그걸 보면 얼마나 뿌듯한데. 나도 나
중에 내 집 마련해야지."

다해가 의기양양하게 말했다.

"흥! 코딱지만 한 게 제 집 마련이라니! 웃겨."

내가 콧방귀를 뀌었다. 그러자 고모가 갑자기 가방에서 지
갑을 꺼내 활짝 열었다.

"우리 조카들 용돈 줘야지. 고모가 준 용돈은 저금하는 거
알지?"

고모는 만 원짜리 지폐를 여러 장 꺼내 다해와 나에게 나눠
주었다.

"대산이가 은행에 가서 청약통장을 만들면 고모가 특별 용
돈을 더 얹어 줄 수 있는데."

"그래! 대산아. 고모 말 듣자. 내일 엄마랑 은행 가서 저축
을 하면 오늘 조립품 샀던 일은 용서해 줄게."

64

　엄마도 어르고 달랬다.

　"대산이가 청약을 들면 우리 집 '청린이' 2호 탄생인데. 그럼 고모가 나중에 대산이의 미래 설계를 멋지게 도와줄 수도 있고, 아니 당장 특별 용돈을 빵빵 쏠 수도 있는데."

　고모가 던지는 미끼 때문에 잠시 흔들렸지만 나는 큰소리로 말했다.

"고모, 됐어요! 은행이 망할 수도 있잖아요. 저는 은행 못 믿어요. 저는 제 금고만 믿거든요."

그 말에 고모 눈이 잠시 초점을 잃었다. 엄마도 어이없다는 표정을 지었다.

"아빠가 얼마 전에 뉴스 보면서 말했잖아. 미국의 은행이 망했다고."

그 말에 아빠가 당황해하며 갑자기 말을 더듬거렸다.

"야, 그, 그건…… 미국이고. 설령 우리나라 은행이 망한다 해도 예금자보호법이라는 게 있어서 정부나 위탁기관에서 보상해 주게 되어 있어. 그러니 걱정 마."

온 가족이 내 입에서 '예스'라는 답이 나오기를 기다리는 것 같았다. 나는 이들의 가엾은 눈길을 외면할 수 없어 자비를 베풀기로 했다.

"알았어요. 오늘 밤에 좀 생각해 볼게요. 일단 고모가 준 용돈은 안 쓰고 잘 간직하고요."

나는 고모 앞에서 돈을 흔들어 보이며 내 방으로 들어갔다. 그러자 엄마는 내 방까지 따라와 목소리를 높였다.

"아들! 내일은 엄마랑 은행 가자. 알겠지?"

나는 속으로 중얼거렸다.

'칫! 엄마도 못 믿는데 은행을 어떻게 믿냐고! 망하면 나만 손해지.'

그러자 이번에는 아빠도 내 방으로 왔다.

"그래, 대산아. 내일 엄마랑 가서 통장을 만들자. 그럼 너도 우리나라 경제에 기여하는 거야. 너처럼 돈을 움켜쥐고 있는 건 어리석은 거야."

이번에는 고모가 내 방으로 들어왔다.

"대산아, 내일 청약에 가입하면 고모가 정말 특별 용돈 쏜다니까! 잘 생각해 보렴. 너도 민호 형이랑 삼촌처럼 일찍부터 미래 설계를 하면 좋잖아."

이번에는 다해까지 따라 들어왔다.

"오빠, 제발 말 듣자. 고집쟁이처럼 굴지 말고. 8년 뒤를 생각해야지."

나는 드디어 폭발했다.

"아, 제발 그만해요. 알았다고요! 내일 은행 가겠다고요."

내 한마디에 식구들이 짜기라도 한 듯 박수를 쳤다. 엄마는 승리자처럼 웃었다.

"오호! 드디어 우리 집 청린이 2호 탄생! 축하합니다."

식구들은 뭐가 좋은지 거실에서 고모랑 깔깔댔다. 나는 왠지 패배한 기분이 들었다. 이제 돈만 생기면 엄마는 득달같이 달려와 저금하자고 할 게 뻔하다. 분명 통장은 내겐 무덤이 될 것이다. 더 이상 사고 싶은 것도 못 산다.

나는 기분 전환을 위해 조립품 상자를 품에 안았다. 아직은 언박싱을 하고 싶지 않았다. 식구들이 모두 잠든 밤에 나 혼자서 개봉의 기쁨을 누릴 것이다. 나는 상자를 끌어안은 채 침대에 벌러덩 누워 책꽂이를 바라보았다.

"안녕! 내 비밀 금고. 이제 너와 곧 작별할 시간이야."

그때 문득 의심병이 돌으면서 불길한 생각이 들었다.

'미국에 있는 커다란 은행도 망했다는데 우리나라 은행도 망하는 거 아냐?'

나는 눈을 질끈 감고 고개를 절레절레 저으며 불길한 생각을 떨쳐 버리려 애썼다.

'설마……. 그럴 리가.'

하지만 며칠 전 아빠가 뉴스를 보면서 걱정하는 소리를 분명 들었다.

"와 이거 큰일이군. 미국에 은행이 연달아 두 개나 문을 닫다니 믿어지지 않아. 세계 경제가 점점 나빠져서 큰일이야. 금리가 저렇게 높아지다 보면 대출 이자가 얼마가 오르겠어.

그러면 우리처럼 대출을 받은 사람들은 타격이 클 텐데."

아빠는 예금자보호법이 있다며 걱정하지 말라고 했지만 나는 엉뚱한 생각에 사로잡혔다.

'은행이 망했어. 돈이 사라졌다고! 지옥이 따로 없어. 그 돈이 어떤 돈인데. 내 영혼을 갈아 넣어 지켰던 금쪽같은 돈이라고! 내 돈 내놔.'

머릿속에 기이한 모습이 펼쳐졌다.

수많은 지폐가 검은 비닐봉지들과 함께 허공으로 마구 떠다녔다. 허공으로 떠오른 지폐들이 연처럼 멀리 날아가더니 어느새 까만 점으로 사라져 버렸다. 은행 문들은 굳게 닫혀 있다. 은행의 육중한 쇠문에는 빨갛고 굵은 테이프가 엑스 표 모양으로 붙어 있다. 사람들은 은행 벽에 페인트로 '아웃', '책임 져', '내 돈 내놔'를 휘갈겨 써 놓았다. 돈을 잃은 사람들은 좀비가 되어 은행 문 앞에 길게 늘어서 있다. 일부 과격한 사람들은 문 앞에 붙어서 주먹으로 철문을 두드리고 있다.

3년간 세뱃돈을 꽁꽁 숨기며 지켜왔던 한 소년도 까만 점이 되어 버린 돈을 망연자실 바라보고 있었다. 그러다가 그 자리에 풀썩 쓰러져 정신을 잃었다. 정신을 잃은 소년이 점점 더

깊은 어둠 속으로 빠져 들어가고······. 눈앞은 온통 깜깜한 채
로 정적만 흘렀다.

그때 누군가 내 뺨을 톡톡톡 두드려 깨웠다.

"야, 빨리 일어나. 이거 언제 할 거야?"

나는 놀라 눈을 번쩍 떴다. 옆집 사는 로운이다.

"너 언제 왔어?"

순간 이동이라도 했나? 불쑥 등장한 로운이의 얼굴에 나는
화들짝 놀랐다.

"넌 대낮부터 조립품을 꼭 끌어안은 채 자고 있냐?"

"깜빡 졸았네. 고모는 갔나?"

내가 눈을 비비며 일어나 앉았다. 검은 비닐봉지니 연이니, 모두 꿈이었나 보다.

"너네 고모는 지금 막 가셨어. 내가 인사하니까 너네 고모가 나한테 청약 들었냐고 물으시더라. 그래서 '그런 걸 왜 들어요? 우리 집 부자인데?' 했더니 얼굴이 뻘게지시면서 머리에서 열을 뿜뿜 내뿜더라. 그 바람에 너네 고모 뚜껑이 확 열린 채 나가셨어. 크크."

로운이는 우리 집을 하도 자주 드나들어 고모도 다 안다. 고모가 로운이에게 붙인 별명은 '깐족이'다. 내가 봐도 로운이는 가끔 밉상 같은 짓을 한다.

로운이는 내 품에 있는 조립 상자를 힐긋거리며 말했다.

"이거나 빨리 해 보자."

"안 돼. 개봉은 나 혼자만의 시간에 할 거야."

"에이, 치사하게!"

로운이 얼굴이 샐쭉해졌다. 내가 로운이에게 물었다.

"근데 너도 은행에 통장 갖고 있냐?"

그러자 로운이는 당연하다는 듯 웃었다.

"당연하지. 통장 없는 애들이 어딨냐. 거기다가 우리 엄마 아빠가 두 분 다 은행에 다니시는데. 우리 엄마는 나 태어나자마자 아기 통장 만들었대. 나는 예금통장 말고 펀드 통장도 갖고 있는걸."

"펀드가 뭐야?"

"그건 회사에 투자를 하는 건데……. 에잇, 그런 게 있어."

"우리 고모는 나보고 자꾸 청린이 2호가 되라고 하시는데."

"청린이라니?"

"청약저축에 가입한 아이들을 말하는 거야. 너 청약이 뭔지나 아냐?"

펀드니 뭐니, 모르는 말을 떠드는 로운이에게 질세라 나도 조금 으스대며 말했다. 그런데 로운이의 대답은 1초 만에 나왔다.

"당연하지. 주택청약저축은 새 아파트 사려면 들어 놔야 하는 저축이잖아. 우리 엄마가 청약통장은 꼭 필요하다던데?"

"근데 너 아까 우리 고모한테는 부자인데 그런 걸 뭐 하러 드냐고 했다면서?"

"야! 정대산. 이렇게 순진하냐. 그냥 한 말이지. 흐흐."

그 순간 배신감이 확 들었다.

"진짜? 그거 들어 놓으면 정말 좋은 거야?"

"우리 가족들은 그 통장 하나씩 다 갖고 있어. 그 통장은 더 만들고 싶어도 한 사람당 하나밖에 못 만든다던데? 야! 부모님이 우리한테 좋은 거니까 하라고 하지, 괜히 그러시니?"

갑자기 로운이가 매우 조숙하고 영리하게 느껴졌다.

"우리 엄마는 청약저축 들어 놓은 걸로 옆 동네에 새로 짓는 아파트 신청해 볼 거라던데?"

로운이가 자랑하듯 떠들었다. 나는 그 말이 이상해서 되물었다.

"너희 집이 있는데 왜 집을 또 신청해?"

그러자 로운이가 킬킬 웃어댔다. 그 웃음이 나를 바보 취급하는 것처럼 여겨져 기분이 나빴다.

"야! 왜긴 왜냐. 새 집으로 이사 가면 좋으니까 그러는 거지. 새 집이면 놀이터도 새 거잖아. 그리고 그 동네에서는 우리 아빠 직장까지 지금보다 훨씬 편하게 갈 수 있대. 우리 엄마가 그러는데, 새 집에 당첨되면 일단 좋은 거래. 그래서 저축도 계속 해야 한댔어."

나는 멋쩍어서 말을 돌렸다.

"너는 세뱃돈 빼앗겨 본 적 없어?"

"세뱃돈 안 빼앗겨 본 애들이 어디 있니? 애들은 다 그런 걸

겪으며 크는 거야. 그래야 돈 소중한 것도 알고. 그리고 부모님이 세뱃돈 빼앗는 이유는 두 배, 세 배로 더 불려 주기 위해서야. 너는 왜 이렇게 어른을 못 믿냐?"

"은행이 망할 일은 없을까?"

그러자 로운이가 배꼽을 쥐고 내 방에서 데굴데굴 구르며 웃기 시작했다.

"크크. 의심 되게 많네. 은행도 못 믿고! 빨리 조립품이나 꺼내 봐."

로운이 말에 나는 뻘쭘해져서 어느새 조립품 상자를 뜯고 있었다. 둘이 머리를 맞대며 항공모함 조립 설명서에 집중하고 있을 때였다. 다해가 방문을 확 열었다.

"오빠, 안 신는 양말 좀 가져갈게."

다해는 내 서랍장을 열어 두더지처럼 옷을 파헤치기 시작했다. 그러더니 뒤꿈치가 닳아 버린 양말과 짝짝이 양말 몇 개를 찾아냈다.

"그 양말들은 뭐 하려고?"

로운이가 궁금한지 다해를 보며 물었다.

"발 매트 만들어서 엄마한테 용돈 받으려고."

요즘 다해는 동네 무료 문화센터에서 양말목 공예를 배운

다. 안 신는 양말의 목 부분만 따로 모
아 동그란 고리들을 걸고 엮어 이상한 것들을
만들어 온다. 지난번에 냄비 받침을 만들어 와
서 엄마에게 칭찬을 받은 뒤로는 툭하면 못 신는
양말만 찾아다닌다.

"자원 절약 몰라? 버려지는 양말이 얼마나
쓸모 있게 변신되는데."

다해는 '큰 바다'라는 뜻을 가진 이름답게 별
명도 소금이다. 다해
소금. 다해는 용돈
을 받아도 절대

안 쓴다. 3000원을 받아도
2000원은 저금한다. 집 안
에 굴러다니는 동전도 악
착같이 모은다. 아무래도
엄마의 절약 DNA를 그
대로 물려받은 게 분명
하다. 다해 방에 있는 시
뻘건 돼지 저금통은 동전
들로 꽉 차 있는데, 벌써 두
번이나 은행에 가져가 지폐로
바꿨다.

다해는 손에 양말 몇 짝을 움켜쥔 채 내 방의 선반을 물끄
러미 바라보았다. 뭔가 수상했다. 꼭 먹이를 노리는 늑대, 아
니 솔직히 토끼 눈빛 같았다.

"오빠, 혹시……."

"뭐?"

"저 집짓기 조립품, 저거 오빠 나이에 비해 수준이 좀 낮지
않아? 이제 다 갖고 놀았으니까 중고 마켓에 팔면 안 돼?"

"뭐라고? 너 그랬다가는 봐. 가만 안 둘 거야."

내가 눈을 이글이글 불태우며 겁을 줬다. 다해는 허리춤에 손을 얹고 따지듯 말했다.

"조립해 봤으면 됐지, 뭘 그래? 오빤 한 번 조립하고 나면 질려서 또 안 하잖아. 맨날 새 조립품이나 찾고. 비싸서 못 사는 애들한테 싸게 팔면 서로 나눔도 되고 우린 돈도 벌고 좋잖아. 아유, 정말!"

나는 화가 나서 동생을 노려보았다.

"야, 다해소금! 넌 그렇게 돈 모아서 뭐 하려고 그러냐?"

"뭘 하든 모아 두면 좋은 거지. 아껴 쓰고 저축하면 어려울 때 도움이 되잖아."

나는 극성스러운 동생이 꼴 보기 싫어서 골려 줄 참으로 마침 발에 신고 있는 칙칙한 양말을 벗어 던졌다.

"야, 이거나 가지고 빨리 저리 가."

공 던지듯 집어던지자 다해가 짜증을 확 냈다.

"에이, 냄새나잖아."

그러자 로운이가 사근사근하게 말했다.

"다해야, 우리 집에 예쁜 양말 많으니까 너 가져다줄게."

"흥! 말로만 하지 말고 제발 갖고 와 보시지. 계로운 오빠는 항상 말뿐인 게 문제야. 지난번에도 그래 놓고 아무것도 안

줬으면서. 계로운 오빠 말만 믿었다가 내가 정말 괴롭다, 괴로워!"

다해가 한바탕 잔소리를 퍼붓고 나서는 문을 쾅 닫고 나가 버렸다.

그러자 로운이가 혀를 내두르며 말했다.

"와, 네 동생 다해는 진짜 부자로 살 것 같아."

"당연하지, 소금인데. 옛날에 소금이 많으면 부자였다며?"

나는 썰렁한 농담을 던지며 조립을 하기 위해 우선 첫 번째 재료를 가위로 똑똑 끊었다. 조립을 위한 준비 과정으로, 플라스틱 재료들을 가위로 똑똑 끊어 내는 이 맛은 아무도 모를 것이다.

"잠깐, 잠깐! 이렇게 중요한 장면은 남겨야지. 동영상 준비 할게."

로운이가 휴대폰으로 영상을 찍을 준비를 했다.

"플라스틱 재료 자를 때 소리가 영롱하지 않냐? 하하. ASMR로 녹화할게. 자 시작!"

나는 어느새 로봇처럼 로운이 지시대로 움직이고 있었다.

로운이는 왜 이렇게 통장이 많지?

Q <u>고모, 로운이는 통장이 많은 것 같던데, 통장을 여러 개 만들 수도 있나요?</u>

일단 청약통장부터 말하자면, 청약통장은 한 사람당 오직 하나밖에 만들 수 없어. 로운이도 청약통장은 한 개일 거야. 옛날에는 한 집에 사는 가족 중에선 한 명만 청약통장을 만들 수 있던 시대도 있었단다. 원래 귀한 것일수록 갖기 어려운 법이라고들 하지? 그래서 고모는 집안 모든 식구가 청약통장을 만들기를 추천하고 있어. 식구가 둘이면 두 개, 셋이면 세 개!

하지만 청약통장을 제외하고는 한 은행에서도 통장을 여러 개 만들 수 있단다. 고모도 통장이 많은걸? 청약저축, 일반 예금통장, 적금 통장…… 각각의 통장마다 목적이 다르지. 어린이는 청약통장과 일반 예금통장만 있어도 충분하지만, 소득이 많아지면 통장을 구분해서 쓰면 더욱 좋아!

Q 통장을 왜 여러 개 만들어야 하나요?
너무 귀찮을 것 같아요.

통장을 여러 개로 나누면 돈을 관리하기가 더 쉽거든. 예를 들어 사고 싶은 게 있다고 해서 예금통장에서 계속 돈을 빼서 쓰면 돈이 모이지 않을 거야. 반대로 용돈을 전부 다 청약통장에 저축했는데, 갑자기 돈이 필요해지면 청약통장에서 꺼낼 수 없으니까 난감해지겠지.

그래서 고모는 어린이들이 청약통장과 예금통장 두 개는 꼭 만들라고 알려주고 싶어. 여기에 좀 더 욕심을 내 보자면, '소비를 위한 통장'을 따로 만들어도 좋을 것 같아. 대산이를 예로 들면 '소비를 위한 통장'에 어느 정도 돈이 모이면 그때 조립품을 사는 거지! 그러면 훨씬 더 계획적으로 돈 관리를 할 수 있을 거야.

우리 집 가점제

드디어 내 이름으로 통장을 두 개나 만들었다. 하나는 보통예금 통장이고 하나는 고모가 그토록 노래를 부르던 청약저축 통장이었다. 내가 통장을 만든다고 하자 바쁜 고모까지 은행으로 쫓아와 특별 용돈을 건네주었다. 엄마는 내가 순순히 따라가 은행에서 통장을 만들자 아주 행복해했다.

"이제 너도 부자의 첫걸음을 내디딘 거나 마찬가지야. 축하해, 아들."

은행 직원 누나가 내 이름이 써 있는 통장과 도장을 함께 건네주었다. 그러자 엄마가 도장을 손에 꼭 쥐면서 말했다.

"이 도장을 드디어 써먹네요. 우리 아들 태어나 부자로 살라고 이름을 대산이로 지었거든요. 그리고 첫돌 때 이름을 넣어 옥도장을 새겨 줬어요."

하나도 안 궁금해할 내용들을 엄마는 입 아프게 떠들었다. 은행 누나는 '아 그러셨군요' 하며 장단을 맞춰 주었다.

"고객님, 첫 거래 감사합니다. 이번에 미성년자 납입 인정 기간도 늘어나고, 이자도 높아져서 가입하시길 잘했어요. 매달 2만 원에서 50만 원까지 납입이 가능하고요. 가입 기간이 길수록 유리하니까 절대 해지하지 말고 꾸준히 저축하세요."

나는 은행 누나의 알쏭달쏭한 설명을 대충 흘려들었다.

"호호. 우리 애가 아직 잘 몰라요. 저축 안 한다는 걸 억지로 끌고 왔거든요."

그러자 은행 누나의 설명이 이어졌다.

"고객님, 청약저축은 여러 가지 좋은 혜택이 있어요. 아파트 청약을 할 수 있는 것뿐만 아니라 소득공제 혜택도 있어요. 소득이 생기면 누구나 세금을 내야 하는데, 청약저축은 세금 혜택이 많은 통장이거든요."

나는 통장을 슬그머니 펼쳐 보았다. 막상 내 이름이 박힌 통장을 보자 은근히 뿌듯하고 기분이 좋았다. 이어 은행 누나는 내게 고객 선물을 건네주었다. 통장 모양 공책이었다.

"우리 은행의 첫 고객이 되어 주신 어린이들에게 나눠 주는 용돈 기입장이에요."

"감사합니다."

나는 은행 누나가 주는 용돈 기입장을 받아 들고 엄마, 고모와 함께 은행을 나왔다. 옆에서 고모가 한마디를 보탰다.

"대산아, 너도 이제 다해처럼 용돈 기입장을 써 봐. 이런 걸 적다 보면 돈 개념도 생기고 꼭 필요한 곳에 돈을 썼는지, 또 계획적인 소비를 했는지 생각해 볼 수 있어."

"귀찮게 뭘 이런 걸 써요. 그리고 용돈 기입장을 쓸 만큼 용돈을 많이 받지도 않는데요, 뭐."

그러자 엄마가 옆에서 말했다.

"내년엔 용돈 올려 줄게."

"진짜?"

믿기지 않아 되물었더니 엄마는 고개를 끄덕였다. 모처럼 흐뭇한 모자지간의 모습이었다.

"통장을 만드니까 맘은 편하다! 맨날 돈 감출 곳 찾느라 힘들었는데."

"엉뚱한 곳에 감췄다가 괜히 돈만 잃어버리지. 은행만큼 안

전한 곳이 어딨다고."

엄마가 새김질하듯 또 강조해서 말했다.

"엄마, 통장은 제가 갖고 있을 거예요."

"알았어, 아들."

나는 기분이 좀 좋아졌다. 이제 어른이 된 모습을 꿈꿀 수 있다는 것도 신났다. 집을 향해 큰길을 걷는데, 지하철역 부근에 '그랑프리 아파트 견본 주택'이라고 쓰인 곳에 사람들이 줄을 길게 서 있었다. 고모는 반가워하며 말했다.

"어머나, 이 동네에 새 아파트가 들어선다더니 모델하우스가 열렸네. 대산아, 우리도 구경하고 갈까?"

엄마도 좋아하면서 느닷없이 맨 뒤로 가 줄을 섰다.

"세대수가 엄청 많던데, 이 근처에선 오랜만에 생기는 새 아파트라 분명히 청약 경쟁률이 엄청 높을 거야. 분양가도 궁금하고, 아마 아파트도 고급스럽게 지어질 것 같아."

고모의 간단 브리핑이 시작되었다. 엄마는 호기심이 가득한 표정이었지만 나는 갑자기 줄을 서야 하는 게 불만스러웠다.

"오늘 너도 청약통장을 만들었잖니. 청약통장이 있으면 아파트를 새로 지을 때 신청해 볼 수 있다고 했잖아. 이곳은 신청자를 모집하기 전에 아파트 내부를 실제랑 똑같이 지어 놓고 사람들에게 선보이는 곳이야.”

드디어 우리 순서가 되어 견본 주택 안으로 들어갔다. 안에는 사람들이 바글바글했다. 실제와 똑같은 아파트 단지 모습을 장난감처럼 축소시켜 만든 모형도도 있었다. 꼭 내가 만드는 조립품 같았다. 아파트 실제 내부도 만들어져 있었는데 꼭 나와 같은 나이의 남자애가 살 것 같은 방도 있었다. 내 방보다 훨씬 근사해 나도 이런 방을 갖고 싶다는 생각이 들었다.

“어머나 고급스럽고 너무 좋다! 우리도 여기로 이사 가면 좋겠다.”

우리는 이것저것 구경한 뒤 견본 주택을 빠져나왔다.

“어휴, 뭔 사람이 이렇게 많아.”

내가 툴툴대자 엄마가 대답했다.

“내 집 마련을 하려는 사람이 이렇게 많은 거지. 우리 대산이도 이제 청약저축에 꾸준히 저축을 하면 오늘 본 것 같은 멋진 집을 가질 날이 올 거야.”

엄마는 생각만으로도 기쁜지 내게 흐뭇한 미소를 보냈다. 고모는 기특하다며 맛있는 걸 사 먹으라고 따로 용돈까지 주고 갔다. 그날 저녁, 아빠는 초코 아이스크림을 사 들고 일찍 들어왔다. 나의 통장 개설이 이토록 축하할 일이라니.

"청약통장을 만든 건 아주 잘한 일이야. 조선시대만 해도 돈을 금으로 바꿔 땅속에 파묻어 놓는 부자들도 있었어. 하지만 어리석은 일이지. 돈은 은행에 맡겨 필요한 곳에 돌고 돌 수 있게 하는 게 제일 좋은 거야. 너도 이제 우리나라 경제를 돕는 셈이야."

아빠가 저축의 좋은 점을 늘어놓았지만 내 비밀 금고가 텅 빈 것은 여전히 서운했다.

"용돈은 코딱지만 한데……. 휴, 이젠 조립품 사는 건 꿈도 못 꾸겠군!"

나는 슬쩍 서운함을 내비쳤다. 그때 내 머릿속에 반짝이는 묘안이 떠올랐다.

"엄마, 어제 고모가 말해 줬던 가점제 있잖아. 우리도 그거 해 보면 어때?"

"가점제라니? 그게 무슨 소리야?"

"그거 있잖아요. 점수 매겨서 높은 사람에게 아파트 당첨시켜 주는 거. 우리도 용돈을 가점제로 주면 어때? 칭찬 스티커처럼, 우리가 잘한 일에는 가점을 줘서 점수만큼 용돈을 올려 주는 제도!"

내가 생각해도 기가 막힌 묘안이었다. 그러자 다해도 소리를 꺄악 질렀다.

"나도 나도! 나도 가점제 할래. 오빠만 조립품 사고 싶은 거 아니라고. 나도 사고 싶은 게 있다고."

다해가 엄마 팔을 잡아 흔들었다. 나도 모처럼 어리광을 좀 부려 보기 위해 다해처럼 엄마 팔을 잡아 흔들며 귀여운 목소리로 '가점제'를 외쳤다.

"가점제! 가점제! 가점제!"

엄마는 양옆에서 애교를 부리는 우리의 모습이 싫지 않았는지 고개를 끄덕였다.

"좋아! 가점제로 용돈 받기를 하면 아주 재미있겠는데? 너희들이 칭찬받을 일을 하나씩 만들어 봐. 아무튼 정대산, 잔머리 하나는 잘 굴린다니까."

엄마 아빠는 함께 '가점제 규칙'을 정했다.

"잘한 일에 대해서는 플러스 점수를, 못한 일에 대해서는 마이너스 점수를 주기로 할게. 너희 고모가 청약 가점제 설명해 준 거 기억나지? 가점이 총 20점이 넘으면 그달은 특별 용돈 당첨!"

그 말에 나는 기분이 좋아 소리를 질렀다.

"우와, 특별 용돈! 내가 당첨돼야지."

그러자 다해가 빈정거렸다.

"오빠가 용돈 당첨된다고? 헐! 깎아 먹지나 마시지!"

다음 날부터 우리 집의 가점제가 시작되었다. 잘한 일에는 무조건 플러스 1점, 못한 일에는 무조건 마이너스 1점이다.

나는 다해와 맞붙어야 한다는 사실이 조금 부담스러웠다. 야무지고 똑똑한 다해는 항상 칭찬을 받지만 까칠하고 예민한 나는 칭찬보다는 꾸중을 듣는 일이 많다. 나는 은근히 긴장되었다. 아침에 일어나자마자 '오늘은 어떤 일을 하고 점수를 받을까?' 생각하며 화장실로 향했다.

근데 화장실 문이 굳게 잠겨 있었다. 보나 마나 다해인 것을 나는 잘 알고 있다. 다해에게는 이상한 버릇이 있다. 화장실만 들어가면 깜깜무소식이다. 아무리 문을 두드려도 입을 꾹 다문 채 나 몰라라 한다. 이럴 땐 진짜 얄밉다. 어떤 날은 너무 얄미워서 똥통에 팍 빠져 변기 물과 함께 사라졌으면 좋겠다고 저주를 내린 날도 많다.

"정다해, 또 똥 싸냐? 빨리 나오라고!"

그러자 주방에 있던 엄마가 내게 말했다.

"안방 화장실 가면 되잖아."

"안방 화장실은 아빠가 차지하고 있다고요."

아빠는 화장실 오래 쓰는 사람으로 유명한데, 다해가 아빠를 똑 닮은 거다. 그것도 항상 같은 시간에 말이다. 나는 오줌을 싸기 일보 직전이라 문을 쾅쾅 두드렸다. 하지만 다해는 오늘도 뻔뻔하게 나 몰라라 하고 있었다. 그때였다. 엄마가 화장실 앞으로 다가와 목청을 높였다.

"정다해. 화장실 오래 쓰는 거 마이너스 1점!"

엄마가 교통정리를 하듯 팔까지 쳐들고 소리치자 믿을 수 없는 일이 벌어졌다. 물 내리는 소리가 쏴— 들리는 동시에 문이 후다닥 열리면서 다해가 튀어나온 것이다.

"싫어. 왜 마이너스야."

다해가 발을 동동 구르며 투정을 부렸다. 손에는 스마트폰이 들려 있었고 유튜브가 켜진 채였다.

"이제 보니 너……!"

엄마의 눈꼬리가 올라갔다. 나는 큭큭 웃음을 터트리며 화장실로 들어갔다. 이제 보니 다해는 화장실에서 몰래 동영상을 무한정 보고 있었던 거다.

"다른 사람 생각 안 하고 혼자서 화장실 독차지하는 것도 마이너스인데, 거기다 동영상에 중독되어서 학교 갈 준비가 늦어지다니! 마이너스 2점!"

'흐흐, 고소하다, 고소해. 벌써 마이너스 2점이네.'

다해가 엄마에게 혼나는 소리를 들으니 백만 년 묵은 스트레스가 확 날아가면서 똥도 시원하게 나왔다. 후다닥 양치질과 세수를 마친 나는 점수 받을 일이 뭐가 있을까 곰곰이 생각해 보았다.

나는 침대 이불을 뱀 구멍처럼 해 놓고 몸만 빠져나오는 습관이 있는데 오늘은 침대를 잘 정돈했다. 또 동그랗게 뭉쳐 놓았던 양말도 잘 펴서 세탁기에 넣었다. 밥 먹을 때는 김치를 잘 안 먹는데 오늘은 일부러 보란 듯이 김치를 높이 쳐든 채 입안으로 넣어 우적우적 씹어 먹었다. 그러자 엄마가 "플러스 1점"을 외쳤다.

"아싸!"

정대산	+1						
정다해	-2						

 나는 내친김에 점수를 더 딸 생각에 등교를 서둘렀다. 아침
마다 꾸물대는 버릇 때문에 엄마에게 '학교 늦을라' 소리를 자
주 듣는데, 오늘은 다해 꽁무니를 따라 재빨리 나왔다. 이 정
도 되면 오늘 저녁에도 가점을 또 받을 수 있지 않을까?

 아침부터 점수를 깎아 먹은 다해는 분해서 씩씩거리며 집을
나섰다. 발걸음을 쾅쾅 내디디며 아주 볼썽사나운 모습으로
걸어가고 있었다. 나는 다해 앞을 지나쳐 가며 약을 올렸다.

 "정다해는 벌써 마이너스래요, 마이너스래요. 크크. 이렇게
즐거울 수가!"

그러자 다해가 소리쳤다.

"두고 봐. 마지막에는 내 점수가 더 높을 거니까!"

나는 기분 좋게 가점제의 첫 시작을 열며, 고모가 말했던 가점제를 다시 떠올려 보았다.

'자식이 많거나, 부모님을 모시고 살거나, 집이 없던 기간이 길거나…….'

나는 당분간 부모님께 효도하는 미션을 해 보기로 했는데, 내 가점은 계획대로 순조롭게 쌓여 갔다.

"엄마 음식물 쓰레기 주세요. 갖다 버리고 올게요."

엄마가 제일 좋아하는 심부름은 저녁에 음식물 쓰레기를 버리고 오는 일이다. 내 말에 엄마 얼굴이 환해졌다. 또 두부 사 오라고 할 때 잽싸게 일어나 다녀오는 등 착착 점수를 높여 갔다.

다해는 분발해야겠다고 생각했는지 갑자기 화장실에서 고무장갑을 낀 채 솔로 바닥을 박박 문지르기 시작했다. 가점제 이후 엄마의 표정도 밝아지고 우리도 특별 용돈을 상상하며 같이 즐거워지고 있었다.

"너는 보너스 용돈 받으면 뭘 할 건데?"

내 질문에 다해가 대답했다.

"사실 나도 사고 싶은 게 있어. 하지만 비밀. 오빠는 안 물어봐도 조립품이겠지?"

나는 대답을 안 했다.

가점제를 시행한 지 일주일. 그동안의 점수를 합산해 보니 내가 다해보다 점수가 5점 높았다. 그런데 다음 날 다해가 한 방에 점수를 확 따 버리고 말았다. 수학 단원 평가에서 100점 맞은 시험지를 들고 나타난 것이다. 뭐니 뭐니 해도 이건 엄마가 제일 좋아하는 일이다. 다해는 점수를 확 올려 버렸고, 나는 갑자기 의지가 확 꺾이고 말았다.

온가족경제연구소 소장님이 추천하는 저축 계획

Q 용돈 중 얼마를 저축해야 할지 모르겠어요. 사고 싶은 것도 먹고 싶은 것도 너무 많은데…….

먼저 청약통장은 납입 가능 금액, 그러니까 한 달에 저축할 수 있는 금액이 정해져 있어. 이것도 다른 통장과 청약통장의 큰 차이점 중 하나지. 한 달에 최소 2만 원을 넣어야 하고, 최대 50만 원까지 넣을 수 있지만 청약통장은 '인정 금액'이라는 게 정해져 있거든. 한 달에 25만 원까지만 인정해 주니까 세뱃돈을 아무리 많이 받아도 청약통장에는 25만원 이상 저축하지 않아도 돼.

그리고 아까도 말했지? 청약통장은 돈을 넣을 수는 있지만 뺄 수는 없다는 점! 만약 2만 원을 저축했을 때 이번 달 용돈이 부족할 것 같다면 쉬어 가도 된단다. 청약통장은 오랫동안 갖고 있는 게 제일 중요하니까, 너무 무리해서 저축하지 말 것!

온가족경제연구소 소장으로서 용돈 관리법에 대해 말하자면, 고모는 네가 받는 용돈의 절반은 저축하길 추천하고 싶어. 만약 한 달 용돈이 6만 원이라면 3만 원은 저축하는 거지.

예를 들면 2만 원은 청약통장에, 만 원은 예금통장에! 준비물을 많이 사야 하거나 친구 생일 파티가 있다면 조금 더 쓸 수밖에 없 겠지만, '절반은 저축한다'는 원칙을 언제나 기억한다면 용돈을 잘 관리할 수 있을 거야. 이건 어른이 되어 돈을 많이 벌게 되었을 때도 지키면 좋은 돈 관리 방법이란다.

짠돌이 삼촌의 이중생활

토요일 늦은 저녁, 현관 벨이 울렸다.

"삼촌 왔나 보다."

엄마가 반갑게 일어나 문을 열어 주었다. 엄마의 막내 동생인 외삼촌이다. 새벽에 배달 아르바이트를 하러 나갔던 삼촌이 일 끝내고 우리 집에 들른 것이다.

얼마 전 외삼촌은 우리 동네 고시원으로 이사를 했다. 삼촌이 당첨된 아파트에 이사를 가려면 그 아파트가 다 지어질 때까지 몇 번에 걸쳐서 돈을 내야 한다고 했다. 그러려면 생활비를 최대한 줄여야 했고, 그러다 보니 방값이 싼 고시원을 찾게 된 것이다. 나는 삼촌의 고시원에 가 본 적이 있다. 삼촌의 방은 정말 작아서 놀랐다. 어린 내가 혼자 살아도 좁을 것 같은 공간이었다.

삼촌은 주말에 배달 일이 끝난 날은 꼭 들러 저녁밥을 먹고 간다. 요즘 월말이 다가오면서 생활비가 똑 떨어졌다면서 우리 집에서 자주 식사를 해결하곤 했다.

아빠가 늦은 저녁을 먹고 있는 삼촌에게 격려하듯 말했다.

"이제 중도금 한 번만 더 내면 되니까 조금만 더 아끼며 살면 되겠네."

"네, 맞아요. 처음에는 이 돈을 어떻게 마련하나 했는데, 열심히 저축한 덕에 무사히 넘어갈 수 있었어요. 확실히 아파트 분양을 받고 나니까 절약하면서 살게 되더라고요."

"아빠, 삼촌, 중도금이 뭐야?"

"계약금을 내고 이사하기 전, 그사이에 내는 돈이야. 일이 진행되는 '중간'에 낸다고 해서 중도금이라고 하지."

아파트에 당첨이 되면 돈을 한꺼번에 내는 게 아니라 아파트가 지어지는 동안 나눠서 낸다고 했다. 총 금액의 10%를 계약금으로 내고, 그 다음에는 몇 회로 나눠 총 금액의 50~60% 정도 되는 중도금을 낸다. 돈이 모자랄 경우에는 은

1. 계약

보통 아파트 가격의 10%를 낸단다.
이건 자기 돈으로 마련해야 해.

행에서 대출을 해 주기도 하지만, 한두 번 정도는 대출 없이
자기 돈으로 내야 하는 경우도 있다고 했다. 그리고 마지막
입주할 때 남은 금액을 전부 낸다고 했다.

"그러니까 아파트가 100만 원이라고 하면 계약금으로는 10
만 원, 중도금으로는 50~60만 원을 내고 마지막에 이사 갈
때 나머지를 다 내는 거지. 은행의 도움도 받고 말이야."

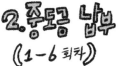

2. 중도금 납부 (1~6회차)

중도금 전체를 은행에서 대출해 주는 경우도 있고 1~2회는 자기가 마련해야 하는 경우도 있어. 외삼촌은 2회나 내 돈으로 내야 해서 정말 힘들었어!

3. 잔금・이사

이제 남은 금액을 내고 이사를 가면 돼. 물론 이때도 돈이 모자라면 대출의 도움을 받을 수 있긴 하지만 내 돈이 있어야 훨씬 든든하겠지!

 삼촌은 고등학교 졸업 후 바로 회사에 취직해 스무 살부터 지금까지 착실히 돈을 모았다. 게다가 주말에는 각종 아르바이트까지 하면서 정말 열심히 살고 있다.

 "아휴, 삼촌은 무슨 재미로 살아? 놀지도 않고 만날 돈만 벌러 다니잖아. 요즘은 워라밸을 중요하게 여긴다던데."

 나는 삼촌이 너무 일만 하고 사는 것 같아 한마디 했다.

"우와, 우리 조카가 워라밸도 알아?"

"당연하지. 워크 앤드 라이프 밸런스! 음⋯⋯. 일만 열심히 하는 게 아니라 놀고 쉬기도 해야 한다는 거잖아."

사실 확실히는 몰라서 대충 얼버무렸다. 그런데 내 말에 삼촌이 잠시 진지한 표정을 지었다. 까까머리 삼촌 특유의 장난기가 싹 사라졌다.

"물론 지금은 힘들지만 내 집을 마련해 놓으면 이후에는 남들보다 훨씬 여유를 갖고 살 수 있어. 젊어서 고생은 사서도 한다잖아. 그래서 나는 이렇게 바쁜 게 신나."

이런 삼촌을 보며 엄마도 걱정을 했다.

"그러다가 몸 상하면 어떡하니? 누나도 걱정된다."

"누나, 이번에 건강검진 했는데 끄떡없었어. 그러니 걱정 마셔."

삼촌은 아파트로 이사 갈 때까지는 열심히 벌고 저축하며 살아야 한다고 했다.

"대산아, 삼촌이 명언 하나 들려줄까?"

"뭔데?"

"잘 키운 청약통장 하나, 고액 연봉 안 부럽다! 삼촌이 지금 딱 그 상황이야. 삼촌은 연봉이 높지도 않고 모아 놓은 돈이

많지도 않지만 꾸준히 들은 청약저축 덕에 행운을 안게 됐어. 확실히 아파트에 당첨되고 나니까 절약하며 살게 되더라. 요즘 우리 세대는 N포 세대라고 불리는데도 말이야."

"N포 세대라니? 그게 뭔데?"

나는 의아해서 물었다.

"요즘 갈수록 젊은이들이 살기 힘들어져서 여러 가지, 즉 N 가지를 포기하고 살아간다는 거야. 취업도 포기, 집 장만도 포기, 결혼도 포기, 자녀도 포기……. 각자의 자유이긴 하지만, 이렇게 많은 걸 포기하다 보면 결국 삶의 목표를 잃고 의욕 없이 살 수도 있잖아. 삼촌도 사실 여러 가지를 포기했었는데, 아파트에 당첨되고 나니까 의욕이 막 살아나더라."

삼촌이 당첨된 아파트는 주변 아파트보다 더 싸게 나왔다고 한다. 조립품 시리즈 중에도 유독 저렴하게 나오는 제품이 있는데, 그런 건가 보다.

그런데 삼촌이 당첨된 지 얼마 되지 않아 새로운 지하철 노선이 들어선다는 뉴스가 나오면서 어른들은 "거기가 떠오르는 황금 역세권"이라며 수군거렸다. 삼촌은 지하철역이 생기면 직장까지 20분이면 갈 수 있다며 기뻐했다.

"얼마나 살기 좋아지겠어. 벌써 기대된다."

삼촌은 늘 싱글벙글이다. 매일 힘들게 일을 하는데도 지친 표정은 찾을 수가 없었다.

"집을 장만했으니 삼촌은 결혼도 포기하지 않을 거야."

밥을 먹고 난 삼촌이 엄마에게 뭔가 부탁이 있는지 잠시 망설이더니 입을 열었다.

"누나 저기, 나 휴지 몇 롤만 가져가면 안 될까?"

그러자 엄마가 혀를 끌끌 찼다.

"너는 설마 휴지 살 돈도 없는 거니? 아니면 짠돌이라 그런 거니?"

사실 삼촌은 다해만큼이나 지독한 짠돌이로 유명하다. 그러자 삼촌은 머리를 긁적이며 능청스럽게 말했다.

"월말이 가까워져서 생활비가 떨어지기도 했고……. 또 오늘 챌린지도 해야 하는데……."

"무슨 챌린지를 하는데?"

다해가 물었다. 그러자 삼촌은 휴대폰을 열어 자신의 SNS를 보여 주었다. '대왕소금'이란 닉네임으로 '#오늘의짠테크'라는 해시태그를 걸고 계속 게시물을 올리고 있었다. 해시태그를 눌러 보니 다들 자신이 얼마나 알뜰하게 살면서 돈을 아끼는지 자랑하는 것 같았다.

삼촌이 올린 글의 댓글 창을 열어 보니 온통 칭찬 일색이었
다. 삼촌이 팔로우한 사람들을 보니 '자린고비'라는 닉네임을
가진 사람은 일주일 동안 만 원으로 살았다고 자랑을 했고,
'새댁'이라는 닉네임을 가진 사람은 보름 동안 냉장고만 파먹

고 살았다고 자랑을 했다. 어떤 사
람은 집에서 화분에 대파를 키워 먹는
다며 '파테크'를 자랑하고 있었다.

"냉장고를 파먹고 산다고? 냉장고를 어
떻게 파먹어? 괴물인가?"

다해가 고개를 갸웃거리며 물었다. 그러자
삼촌이 웃으며 설명을 해 주었다.

"냉동실 열어 보면 그동안 보관해 둔 음식 재료가 엄청나잖
아. 무심코 넣어 둔 채 잊고 사는 경우가 많은데 보관된 식재
료들만 활용해도 반찬 값이 안 드니까 냉장고를 파먹고 산다

고 하는 거야."

나는 이런 걸 동네방네 자랑한다는 게 이상했다.

"삼촌, 이렇게까지 아끼고 사는 건 창피한 거 아냐? 어떻게 이게 자랑이야?"

삼촌은 하하하 유쾌하게 웃었다.

"고물가 시대에 아끼며 사는 모습을 보여 주는 게 요즘 유행이야."

"칫! 별 게 다 유행이네."

엄마와 아빠도 요즘 젊은이들이 이런 SNS 활동을 하는 것을 보며 흥미로워했다. 하지만 삼촌 못지않게 알뜰하고 구두쇠인 엄마가 따끔하게 한마디 던졌다.

"너, 아끼며 사는 건 좋은데 그렇다고 우리 집에 와서 휴지까지 들고 가는 건 좀 민폐 아니니?"

"누나 미안! 이 챌린지에 참여하려면 하루에 짠테크 하나씩 올려야 하는데, 오늘은 특별한 것이 없어서 휴지 얻은 거라도 올리려고. 그러니까 오늘 하루만 봐 주라."

엄마는 못 이기는 척 휴지 몇 개를 봉지에 담아 주었다. 그때 삼촌 곁에서 SNS 화면을 가만히 보고 있던 다해가 따지듯 말했다.

"삼촌, 닉네임이 대왕소금이면, 혹시 내 별명 따라 한 거야? 난 다해소금이잖아. 넓은 바다의 소금."

다해 말에 삼촌은 눈을 휘둥그레 뜨면서 손을 저었다.

"삼촌은 대왕소금으로 활동한 지 백만 년이나 되는데 뭔 소리야? 그리고 다해소금이랑 대왕소금이랑 같냐?"

삼촌 말에 눈만 껌벅이던 다해가 갑자기 소리쳤다.

"아이디어가 생각났어! 나도 짠테크 할 거야."

다해 말에 내가 되물었다.

"짠테크라니? 너도 SNS 만들어서 냉장고 파먹기라도 하겠다는 거야?"

그러자 다해가 고개를 도리도리 돌리며 말했다.

"뭐, 그런 게 있으니 나중에 보면 알 거야."

다해의 크리에이터 활동

다해는 원래 올해 초부터 크리에이터 활동에 관심을 보이면서 별별 거를 다 만들어 영상을 올리고 있었다. 처음엔 허접한 일상 영상이었다. 엄마 심부름하는 영상, 친구들과 콩쥐팥쥐 연극하는 영상, 제 방 정리하는 일상. 이것도 없으면 라면 먹방을 하면서 조회 수를 노렸다. 하지만 영 시원찮았다.

다해는 크리에이터 활동을 하면 금방이라도 조회 수가 폭발하며 돈을 벌 줄 알았나 보다. 그런데 구독자가 고작 열 몇 명밖에 안 되자 실망이 컸다. 그러던 중 삼촌의 짠테크 SNS 활동을 우연히 보게 된 그날부터 유튜브 영상 콘셉트가 완전히 바뀌었다.

다해는 요즘 '다해소금의 짠내 일기'로 채널 이름을 바꾸더니 그때부터 본격적으로 절약하는 장면만 올리기 시작했다.

"아이스크림이 먹고 싶어져도 저는 아이스크림을 안 사 먹고 돈을 저축합니다. 그 대신 엄마가 사다 놓은 야쿠르트를 이렇게 얼립니다. 보세요. 사각 얼음으로 얼린 것을 하나씩 빼서 입안에서 녹여 먹으면 이게 바로 아이스크림이에요."

어느 날은 양말목 공예로 냄비 받침 만드는 방법을 찍어 올렸다.

"못 쓰는 양말을 목만 오려 내서 생활에 필요한 것을 만드는 거예요. 저는 냄비 받침을 만들어서 엄마께 드렸더니 자원을 아껴 환경을 보호했다면서 용돈을 주셨어요."

다해는 받은 용돈을 그대로 용돈 기입장에 적어 또 영상으로 올렸다. 다해는 짠내 일기로 콘셉트를 바꾼 뒤로 아이디어가 샘솟는지 날마다 색다른 것을 올렸다. '용돈 아끼는 방법',

'초딩의 알바', '동전으로 재산 늘리는 방법' 등 정말 다해소금과 어울리는 영상들이었다. 다해는 조회 수가 오르자 신이 나서 점점 더 짠내 일상을 찾기 시작했다.

엄마와 함께 집에서 안 쓰는 물건을 중고 마켓에 내다 팔아 얼마를 벌었는지도 올렸다. 다해가 1학년 때 사용하던 연습용 바이올린은 중고 마켓 거래를 통해 7만 원에 팔았다. 그 바이올린은 원래 중고 제품을 산 거였다. 다해는 집 안 구석구석을 뒤져 안 쓰는 물건을 엄마와 함께 내다 팔았고, 그렇게 모은 돈을 꼬박꼬박 저축했다.

주말 아침, 다해가 또 무슨 일을 벌이려는지 분주하게 움직이기 시작했다.

"뭐하냐?"

내가 시큰둥하게 물었다.

"유튜브 영상 찍어 올리려고. 나도 크리에이터 활동으로 수익을 내 볼 거야!"

"어이구, 꿈도 야무지시네."

내가 빈정거려도 다해는 조금도 신경 쓰지 않았다.

"빨리 가점제로 특별 용돈 당첨돼서 촬영용 조명을 사야 하는데."

다해는 요즘 촬영 조명까지 신경을 쓰기 시작했다. 가점제 용돈을 받으면 사고 싶은 게 있다더니 그게 조명이었나 보다.

"오늘은 청약통장을 소개할 거야. 내 친구들 중에 아직 청약통장이 뭔지 모르는 애들도 많고 안 만든 애들도 많더라. 오빠가 특별히 오늘 출연해 주면 어때?"

"헉! 미쳤냐?"

나는 손사래를 쳤다. 그러자 다해는 출연료로 1000원을 주겠다고 했다.

"지금 1000원이라고 했냐? 장난하냐? 됐거든!"

내가 출연을 거부하자 다해가 나를 나무랐다.

"1000원을 무시하지 마. 티끌도 아끼면 태산이란 속담 못 들어 봤어?"

"너나 많이 하셔! 넌 원래 다해소금이잖아."

"아쉽다! 오빠 같은 사람이 나오면 정말 좋은데. 끝까지 청약통장을 안 만들고 버티다가 만들었잖아."

"야, 창피하게 무슨 짠내 방송에……. 됐어. 절대 안 해!"

내가 양 미간을 힘껏 좁혔다.

"싫다면 됐어. 나도 1000원을 아낄래. 고모가 말해 준 거 알려주면 돼. 나 이제 방송할 거니까 나가 줄래?"

115

다해는 금세 새초롬한 표정이 되어 나를 내쫓더니 방문을 쾅 닫았다. 나는 잠시 후 궁금해서 방문을 살짝 열어 보았다. 다해는 통장을 주욱 늘어놓더니 조곤조곤 말하기 시작했다.

그날 밤, 다해가 뭐라고 떠들었는지 궁금해서 짠내 일기 채널로 들어가 보았다. 다해는 핑크빛이 도는 립밤까지 바르고 유명 연예인이라도 된 듯 방송을 했다.

> 짠내 일기 구독자 여러분 안녕하세요.
>
> 저는 오늘 청린이에 대해 이야기하려고요.
>
> 청린이가 뭔지 아세요?
>
> 바로 청약하는 어린이를 말하는데요.
>
> 이거 보이세요?
>
> 이게 바로 저의 청약통장이에요.
>
> 제가 1학년 입학하던 때에 엄마가 만들어 주셨어요.
>
> 우리 어린이들도 무럭무럭 자라 만 19세가 되면
>
> 어른이 되는 것은 다 알지요?
>
> 여러분은 어른이 되기 위한 준비를
>
> 어떻게 하고 있나요?
>
> 공부를 하면서 어른 될 준비를 하고 있다고요?

에이, 그건 당연한 거고요.

저는 저축으로 차근차근 어른이 될

준비를 준비를 하고 있는데요.

특히 청약저축을 통해 돈을 모아서

언젠간 나만의 집으로 독립할 꿈을 꾸고 있어요.

호호호, 11살짜리가 집 이야기를 하니까 좀 웃기죠?

여러분, 혹시 주택청약 제도라는 것을 아세요?

'주택청약 제도'라는 것은 주택,

그러니까 새로 지어지는 집을 살 수 있는 자격을

주는 제도인데요.

이 자격을 얻기 위해서는 은행에 가서

먼저 주택청약저축에 가입해야 해요.

"어쭈! 완전 똑똑한데?"

다해는 지난번 고모가 말해 준 것들을 그대로 기억했다가 전하고 있었다. 제법 진지하고 재미있게 설명하는 모습이었다. 다해는 방송에서도 자기 통장을 꺼내 자랑했다. 3개의 통장을 하나하나 보여 주며 청약통장에 대해서도 설명했다. 그러면서 페이지를 펼쳐 얼마씩 저금했는지도 보여 줬는데 은근히 재미있어서 영상을 계속 보게 되었다.

'다해소금의 짠내 일기'의 조회 수는 점점 늘어나기 시작했다. 삼촌은 짠테크 SNS 활동, 다해는 짠내 영상 올리기. 다해소금과 대왕소금은 경쟁하듯 짠내 활동을 해 나갔다.

거기다 요즘 엄마까지 돈을 벌겠다고 의지를 활활 불태웠다. 엄마는 옛날엔 미용사로 일했었는데 우리를 키우느라 그만뒀다고 했다. 그런데 요즘 다시 일을 시작하겠다며 동네 미용실에 취직을 했다. 쟁쟁한 미용사들 사이에서 엄마가 하는 일은 주로 손님들의 머리를 감아 주거나 바닥에 떨어진 머리카락을 쓸어 담는 허드렛일이었지만 엄마는 꿋꿋이 시간제 아르바이트로 일을 다녔다.

학원에서 늦게 돌아온 어느 수요일이었다. 집에 와 보니 다해가 식탁에 뭔가를 늘어놓은 채 열심히 하고 있었다. 커다란 스케치북에 색색깔의 표와 그래프를 그리고 있었다. 뭘 하는지 궁금해서 슬쩍 들여다보았다.

"소금 씨가 오늘은 소금 밭에 안 가고 뭐 하고 계시나?"

"나 지금 생애 주기 저축표 그리고 있어."

"저축표는 또 뭐래? 어디서 이상한 건 배워 와 가지고."

빈정거리긴 했지만 나는 궁금해서 견딜 수가 없었다. 다해

♥ 다해의 생애 주기 저축표 ♥

8세

	1월	2월	3월	4월	5월	6월	7월	8월
적금통장	10만원	30,000	25,000	3,000	10,000	17,000	5,000	5,000
청약통장	10만원	20,000	10,000	0	30,000	10,000	10,000	0

세뱃돈이 최고, 고모짱!

새로 사귄 친구들과 너무 자주 놀러 다녔다.

어린이 날에 대왕소금이 용돈 줬다.

친구들과 놀이공원.

는 자신감 넘치는 똑 부러지는 목소리로 말했다.

"지금까지 내가 저축한 금액을 적고, 앞으로 저축할 목표액은 그래프로 그려 봤어."

"이런 쓸데없는 짓은 뭐하러 하냐?"

"오빠, 신기하다. 내가 지금껏 통장에 저축한 걸 봤거든. 근데 신기하게도 저축액이 해마다 늘고 있어. 그래서 20살까지 저축할 예상 금액을 그래프로 그려 본 거야."

다해가 그래프를 내밀며 자분자분 설명하기 시작했다. 이럴 땐 영락없이 다해의 스승님인 고모 얼굴이 떠오른다.

"엄마는 내 첫돌 때 받았던 축하금과 아동수당을 이렇게 통장에 넣어 줬어. 그리고 8살이 되던 해에 들어 준 주택청약통장이랑 적금 통장에 용돈을 모아 저축을 해 왔어."

다해가 그린 생애 주기 저축표는 그럴 듯했다.

청약통장과 적금 통장에 적은 금액이라도 꼬박꼬박 저축하고 있었는데, 저축표를 자세히 보니 세뱃돈을 받는 1월엔 저금액이 많았다. 사고 싶은 것도 꾹 참아 가며 꼬박꼬박 저축을 한 것이다. 세뱃돈을 받으면 어디에 쓸지부터 궁리하던 내가 갑자기 엄청 철없는 어린애처럼 느껴졌다.

4학년밖에 안 된 다해는 벌써 돈을 600만 원이나 모아 놓았다. 나는 깜짝 놀랐다. 청약통장 말고도 다해는 통장이 두 개나 더 있었다.

"저축을 하면 할수록 재미가 나서 저축액이 해마다 늘어나고 있어. 그래서 20살이 될 때까지 얼마를 모을 수 있을까를 계산해 본 뒤 그래프를 만든 거야."

다해가 20살이 될 때까지는 아직 9년이 남았다. 다해는 9년 동안 해마다 용돈과 세뱃돈 외에도 엄마 심부름과 플리마켓이나 중고 마켓을 통해 2000만 원까지 모으겠다고 했다.

"뭐? 2000만 원? 말도 안 돼. 네가 정말 이렇게 모을 수 있다고?"

"아 진짜! 오빠는 계산도 못 해? 내가 이제껏 저축한 걸 잘 보라고! 난 대학생 되면 아르바이트도 할 수 있으니까 시드 머니를 잘 모아서 집도 얻고, 창업도 할 거야."

'시드 머니'는 무언가를 시작할 수 있는 씨앗 같은 돈을 말하는 거다. 씨앗을 잘 심어 놓으면 싹이 트고 잎이 난다. 무럭무럭 커 가면서 큰 나무가 되고 나중에는 열매가 주렁주렁 열릴 것이다.

나는 애어른 같은 다해에게 놀랐다. 평소에도 누나처럼 굴면서 나를 가르치려 드는 동생이긴 했지만 이렇게 미래를 위해 목표 금액까지 정해 둘 줄이야!

"칫! 그게 쉽겠냐? 네가 무슨 창업을 할 건데?"

동생이 똑똑하게 굴수록 아니꼬운 생각만 들어 일부러 시비를 걸었다.

"글쎄⋯⋯. 이젠 AI 시대니까 그에 걸맞은 창업을 찾아 봐야지. 흠, 며칠 전에 텔레비전에서 19살에 세계적으로 유명한 CEO가 된 사람을 본 적 있어. 회사의 사장님 말이야! 그러니 나도 20살이면 얼마든지 CEO가 될 수 있지.”

다해는 자기가 벌써 CEO라도 된 듯 의자에 깊숙이 몸을 파묻은 뒤 팔짱을 끼었다. 얼굴엔 흐뭇한 미소와 여유로움이 걸려 있었다.

“야! 잘난 척 좀 그만해. 20살이면 대학생인데 어떻게 CEO가 될 수 있냐?”

“사업은 공부하면서도 얼마든지 할 수 있다고 생각해.”

나는 잘난 척하는 다해가 얄미워 보여 눈을 흘기며 말했다.

“너는 춘삼이 가방이랑 춘삼이 키링 갖고 싶다며? 그런 거는 언제 살 건데? 너 맨날 옷도 안 사 입고 헌 옷만 입고 다니면 왕따 당하지 않냐? 저축만 하면 뭐해. 갖고 싶은 건 하나도 못 갖고 포기해야 하잖아. 사람이 좀 즐길 줄도 알아야지.”

아빠의 단골 멘트를 슬쩍 써먹었다. 하지만 다해는 너무나 당당하게 말했다.

“그거 사려고 따로 저금하고 있어. 한 달에 조금씩 모으고 있거든. 한 번에 큰돈을 쓰면 안 되지. 사고 싶은 건 조금씩 모아서 사면 되는 거야. 그리고 나는 좋은 옷을 입고 다니는 않지만 성격이 좋잖아. 내 주변엔 친구들이 바글바글해.”

다해가 손으로 꽃받침을 만들어 턱 밑에 갖다 댔다. 나는 다해의 당찬 모습에 두 손 두 발 다 들었다. 우리는 순서가 잘못돼도 한참 잘못됐다. 다해는 내 누나가 됐어야 맞다.

나는 다리에 힘이 빠져 비틀대며 겨우 내 방으로 들어왔다.

"나는 뭘 하지?"

문득 나의 미래에 대해 생각해 보았다. 내년에 초등학교를 졸업하면 금방 중학생, 고등학생이 된다. 대학생이 되면 어떤 공부를 할지도 생각해야 한다던데…… 삼촌은 일찌감치 대학을 포기하고 고등학교 졸업 후 바로 취업을 했지만, 나는 민호 형처럼 대학 이름이 박힌 잠바도 입어 보고, 외국 대학에도 다녀 보고 싶다. 무슨 공부를 해야 하는지는 잘 모르겠지만, 어른이 돼서 조립품과 똑같이 생긴 비행기나 항공모함을 몰게 된다면 근사할 것 같다고 막연하게 생각했다.

"그래, 아직 시간은 많아. 10대 때는 뭘 하고 싶은지, 내가 좋아하는 게 뭔지 찾는 때라고 했어."

나는 오랜만에 집짓기 조립품을 꺼냈다. 항공모함 조립품도 만드는 나로서는 이런 집짓기는 이제 애들 장난에 불과하지만, 오랜만에 쉬운 집짓기를 하고 싶었다. 완성되어 있던 것을 다 허물어트린 뒤 진짜 내 집을 짓는 것처럼 조립을 시작했다.

집을 지으려면 마당을 파 터를 다지고 벽돌을 한 장 한 장 쌓아 올려야 한다. 차분하게 집짓기 조립품을 완성해 나가면서 내 미래는 내가 지어 나가는 집짓기나 마찬가지라는 생각

을 했다.

　다해 역시 비록 나이는 어리지만 자신의 성을 하나하나 쌓아 가고 있는 것 아닐까.

시드 머니가 뭐예요?
꼭 필요한 건가요?

Q 다해가 시드 머니를 모은다고 하는데,
시드 머니는 정확히 뭔가요?

시드 머니는 '씨앗'이라는 뜻의 영어 시드(seed)와 '돈'이라는 뜻의 영어 머니(money)를 합친 말이야. 우리말로 바꿔 보면 '씨앗돈'이지. 공원에 있는 아름드리나무도 작은 씨앗에서 줄기와 가지가 나와 성장했듯이, 나중에 큰 재산을 쌓기 위해서는 씨앗이 되는 돈이 필요하다는 의미야.

예를 들어 아빠가 치킨집을 차린다고 생각해 봐. 그러려면 가게를 열 공간도 필요하고, 닭을 맛있게 튀겨 주는 튀김기도 필요하겠지? 그런 것들을 마련하기 위한 돈을 시드 머니라고 한단다. 우리의 꿈과 재산이 자라나게끔 도와주는 작은 씨앗이라고 생각하면 쉬워. 청약통장에 넣는 돈은 나중에 내 집을 마련하기 위한 좋은 시드 머니가 될 수 있지!

Q 어른이 되면 어차피 돈을 많이 벌 텐데, 초등학생 때부터 벌써 시드 머니를 만들어야 하나요?

이건 조금 어려운 개념이야. 새로 짓는 아파트는 '민간분양'과 '공공분양'으로 나뉘어. 민간분양은 일반 건설회사에서 지어서 신청을 받는 거고, 공공분양은 공공, 즉 나라의 기관이 지어서 신청을 받는 거야. 좋은 곳에 지어지는데도 비교적 가격이 싸다는 장점이 있지. 민간분양은 가점제와 추첨제로 아파트 당첨자를 뽑지만, 공공분양은 청약통장에 돈을 몇 번 넣었는지, 그리고 얼마를 모았는지를 보고 당첨자를 뽑는단다. 즉, 오랫동안 성실하게 저축한 사람에게 더 혜택을 주는 거야. 그러므로 어릴 때부터 꾸준히 시드 머니를 만든다면 나중에 어른이 돼서 공공분양이라는 좋은 기회를 잡을 수도 있겠지.

무엇보다도 중요한 건 '저축 습관'이란다. 어려서부터 저축하는 습관을 들여놓지 않으면 어른이 되어 큰돈을 받게 됐을 때 제대로 관리하기가 어려워. 갑자기 100만 원이 생긴다면 신나서 조립품을 잔뜩 살 것 같지 않니? 시드 머니는 결국 미래의 나를 더 멋지게 만들어 주는 발판이라고 할 수 있단다.

대출금을 갚아라

요즘 무슨 일인지 엄마, 아빠가 자주 돈 얘기를 했다. 그리고 돈 이야기를 하다 보면 꼭 다투었다.

엄마는 원래 돈 얘기를 입에 달고 산다. 우리에겐 늘 '아껴 써라', '저축해라' 잔소리를 퍼붓고, 아빠가 조금이라도 허투루 돈을 쓰면 '돈을 계획적으로 쓰고 살아야지' 하며 실랑이를 벌인다. 요즘엔 엄마가 일을 시작해 돈도 벌게 됐는데 오히려 부쩍 돈 걱정이 많아졌다.

"당신 어떻게 할 거야? 대출 기간이 끝나서 돈 갚아야 한다고 통지서 날아왔는데."

그러면 아빠는 대수롭지 않게 대답했다.

"다시 대출 연장하면 되지 뭐."

그 말은 지금 당장 빌린 돈을 갚지 않아도 된다는 뜻인 것 같았다. 하지만 엄마는 다시 아빠를 닦달했다.

"아무리 연장한다고 해도 매달 나가는 이자가 얼마인데, 일부는 갚아야지. 게다가 금리도 엄청 높아졌잖아. 애들 학원비도 오르고 매달 내야 할 돈이 더 늘어나서 생활비가 빠듯해."

돈 얘기가 오고 갈 때면 집 분위기는 무거워졌고 두 분의 목소리는 커지곤 했다.

"당신 후배 사업에 투자했다는 돈은 언제 받아 올 건데?"

엄마가 따지듯 물으면 아빠는 쫓기는 사람처럼 초조해했다.

"그게…… 조금 더 기다리면……."

"지금 당장 돈이 필요하잖아. 후배보다도 우리 사정이 더 중요하지. 대출금 갚아야 하니까 투자금 돌려 달라고 해 봐."

그 말에 죄인처럼 굴던 아빠가 갑자기 화를 벌컥 냈다.

"나보고 어쩌라고? 나는 월급 받으면 당신 다 줬잖아. 갑자기 나보고 어디서 돈을 구해 오라는 거야?"

그러자 엄마도 목소리를 높였다.

"작년에 적금 탄 거 당신 후배 사업에 투자하면 당장 벼락

129

부자 될 것처럼 말하면서 가져갔잖아. 수익률이 계속 오르고 있다며? 그런데 돈은 왜 안 가져오냐고? 혹시 나한테 거짓말 한 거 아니야?"

엄마 공격에 아빠가 쩔쩔매더니 드디어 깊은 한숨을 토해 내며 말했다.

"솔직히 말할게. 다 망했어! 수익은커녕 다 손실뿐이라고! 나도 이렇게 될 줄은 몰랐어."

아빠의 말은 엄마에겐 청천벽력이었다.

"이럴 줄 알았어. 투자하겠다고 할 때 내가 반대했잖아."

"그때만 해도 경기가 좋았어. 그런데 후배가 중국 진출이

막혀 버리면서 사업이 어려워졌대. 게다가 지금 경기도 안 좋고 아수라장이야."

엄마는 어두운 표정으로 방문을 닫고 들어가 버렸다. 엄마와 아빠 사이에 냉랭한 기운이 감돌았다. 아빠 말에 따르면 아빠가 투자한 만큼의 돈을 찾으려면 시간이 좀 더 필요하다고 했다. 그 돈은 엄마가 대출금을 갚기 위해 무려 5년간 차곡차곡 모아 놓은 돈이었다.

아빠는 대역 죄인이 되었다. 엎친 데 덮친 격으로 아빠의 주식 투자까지 어려워졌다고 했다. 믿고 있던 주식까지 수익률이 좋지 않다며 아빠는 요즘 들어 부쩍 고민이 많아 보였다. 그건 외삼촌도 마찬가지였다. 삼촌은 머리를 쥐어뜯으며 소리쳤다.

"이럴 수가! 완전 금융 대란이야. 얼마 안 되는 돈도 아끼면서 살았는데, 이게 웬 날벼락이야!"

나는 어른들이 툭하면 돈, 돈, 할 때마다 왜 그렇게 돈타령을 하나 생각했다. 그런데 돈은 요괴인 것이 분명했다. 조금만 부주의하면 요괴처럼 골탕을 먹이고 악마처럼 군다. 돈은 식구들 사이에도 다툼을 일으킨다. 정말 돈은 단단히 관리해야 할 무서운 요괴다. 엄마, 아빠에 삼촌까지 괴롭히다니, 항상 좋은 걸로만 느껴지던 돈이 처음으로 미워졌다.

토요일 오후, 미용실에 파트 타임으로 일을 하러 나가려던 엄마가 아빠와 또 말다툼을 했다. 아빠가 화를 벌컥 내며 소리쳤다.

"에잇, 그놈의 돈! 원수 같은 돈!"

엄마도 화가 잔뜩 난 채 일을 하러 나갔다. 집 분위기는 북극 한파처럼 얼어붙었다.

그때 하필 나는 너무너무 배가 고파서 견딜 수가 없었다. 요즘 엄마 심기가 좋지 못해서 밥상이 부실했다. 고기반찬을 먹은 지도 오래된 것 같고, 자꾸 치킨이 아른아른 생각났다. 내 배에서는 쉴 새 없이 꼬르륵 소리가 났다.

나는 눈치 없게 아빠한테 말했다.

"아빠, 배고파. 치킨 시켜 줘."

요즘 내 먹성은 혼자서 치킨 한 마리를 다 먹어도 시원찮을 정도다. 그러자 다해가 나에게 쏘아붙였다.

"오빠는 지금 그런 말이 나와?"

"그럼 배고픈데 어쩌라고?"

나는 빼빼여서 그런지 제때 밥을 안 먹으면 다리가 후들거린다. 통통한 다해는 이런 나를 절대 이해 못 한다. 그러자 아빠가 말했다.

"좋다! 인생 뭐 있냐. 먹고 싶은 건 먹고 살아야지."

하필 그때 눈치 없기로 유명한 삼촌까지 우리 집으로 들이닥쳤다.

"처남, 마침 잘 왔네. 치킨이랑 피자 시키려던 중이었는데."

"정말요? 와, 내가 먹을 복이 있다니까요."

아빠는 전화기를 들더니 치킨이랑 피자를 푸짐하게 배달시켰다.

"처남도 요즘 제대로 못 먹고 일 다니느라 몸이 많이 축난 것 같아. 이럴 땐 실컷 먹어 줘야 해. 얘들아, 우리 오늘 먹방 파티 하자."

아빠가 일부러 더 밝은 목소리로 말했다.

잠시 후 배달된 음식이 거하게 차려졌다. 피자도 빅 사이즈를 시켜 식탁을 다 차지할 정도였다. 치킨도 두 마리 시키면 3000원 할인해 준다는 말에 아빠가 두 마리나 시켰다.

"우아, 양념에 후라이드까지 시켰네! 아빠 최고."

나는 침을 꼴깍 삼키며 식탁으로 덤벼들었다. 우리는 콜라를 따라 마시며 신나게 먹어댔다. 아까까지는 내게 마구 쏘아붙이던 다해도 제일 먼저 닭다리를 차지하고는 맛있게 뜯어먹었다.

그런데 그날 저녁, 일을 끝내고 온 엄마가 주방에 널린 치킨 뼈다귀와 피자 상자를 보고는 드디어 폭발하고 말았다.

"당신은 이래서 탈이야. 나는 어떻게든 돈을 구해 보려고 적금까지 깨면서 아등바등하는데 이렇게 돈을 막 쓰면 어떻게 해."

엄마가 수북하게 쌓인 닭뼈를 신경질적으로 쓰레기통에 쏟아 버렸다.

"제발 지독하게 굴지 좀 마. 하루를 살아도 즐겁게 살아야지. 치킨 한 마리 안 먹는다고 우리가 벼락부자 되나?"

이에 질세라 아빠가 화를 냈다. 엄마는 아빠를 노려보며 목소리를 높였다.

"지독하게 굴었으니 그나마 이렇게 사는 거지. 내가 알뜰살뜰 모은 덕분인 줄이나 아셔! 지금 통장 다 털어도 돈이 모자라는데, 어떻게 할 건지 잘난 당신이 이야기 좀 해 보든가."

엄마가 아빠를 몰아세우자 아빠도 화를 내며 말했다.

"그러게 왜 무리해서 이 집을 샀냐고! 당신이 집 욕심 부려서 그런 거 아냐?"

아빠가 엄마에게 쏘아붙이자 엄마 얼굴이 벌게졌다.

"이 집 사고 나서 당신도 좋아했잖아."

그건 엄마 말이 맞다. 이번 집으로 이사를 와서 아빠뿐만 아니라 우리 모두 좋아했다. 이사를 다니지 않아도 된다니, 우리 집이 생긴다는 건 무척 안락한 일이라고 느꼈다. 엄마가 아빠를 공격했다.

"이제 이사 안 다녀도 된다고 좋아할 때는 언제고! 당신 씀씀이대로 하면 집도 못 사. 모임 나가면 당신이 계산 다 하고, 나 없으면 오늘처럼 툭하면 배달 음식이나 시켜 먹잖아."

"대산이가 먹고 싶다잖아. 그래서 시켰어."

아빠가 나를 쳐다보며 말했다. 뒤늦게 냉랭한 집 분위기를 알아챈 삼촌은 눈치를 보더니 슬그머니 가 버렸다. 다해는 소파에 푹 파묻혀 쥐 죽은 듯 말이 없었다. 나는 고작 치킨 때문에 두 분이 싸우는 게 싫어서 덩달아 신경질을 부렸다.

"맞아요. 내가 먹고 싶어서 사 달라고 했어요. 그러니 그만 좀 하시라고요!"

그때 다해가 조용히 제 방으로 들어갔다.

'칫! 다들 숨기 바쁘군. 치킨 먹을 땐 다 같이 맛있게 먹어 놓고. 모두들 비겁해.'

나 혼자 덤터기를 쓰는 것 같아 은근히 화가 났다. 엄마는 아빠가 투자했다가 잃은 돈 얘기만 반복해 떠들었다. 그럴 때마다 아빠는 얼굴을 찡그렸다.

그때였다. 방에 들어갔던 다해가 거실로 나와 엄마 아빠 앞에 섰다. 다해 손에 통장이 들려 있었다. 다해가 입을 열었다.

"엄마 아빠, 이 통장……. 이거 드릴 테니까 돈 보태세요."

세 개의 통장을 내미는 다해의 눈에서 눈물이 뚝뚝 떨어졌다. 엄마 아빠도 놀라 눈이 동그래졌다.

"엄마 아빠! 이 돈 쓰시고 제발 싸우지 마세요. 저는 우리 가족이 계속 행복했으면 좋겠어요."

"다해야……."

엄마는 놀라면서도 어느새 눈가가 붉어지고 있었다.

"어차피 저축은 어려울 때 쓰려고 모아 두는 거잖아요. 그리고 서로 돕는 게 가족이잖아요."

다해가 손바닥으로 눈물을 쓱 닦더니 자기는 괜찮다는 듯 미소까지 지어 보였다. 나는 순간 가슴이 뭉클해졌다. 한편으로는 내 머릿속도 빠르게 움직였다.

'다해가 통장을 내놓으면…… 결국 나도 통장을 내놓아야 하는 거 아닐까?'

왠지 마음이 씁쓸해졌다. 사실 통장을 내놓기가 조금 아까웠다. 세뱃돈을 빼앗긴 뒤로 어찌나 열심히 돈을 지켜 왔던가. 게다가 고모와 엄마의 설득에 넘어가 이제는 돈을 저축하기로 결심하고 겨우 만든 통장인데. 은행에 다녀온 지도 얼마안 됐는데…….

하지만 나도 가족이라면 이럴 땐 기꺼이 도와야 할 것 같았다. 나도 서랍에서 통장을 꺼내 와서 다해처럼 엄마 아빠에게 내밀었다.

"이것도 보태시라고요! 얼마 안 되지만⋯⋯."

나는 쓰린 가슴을 부여안고 통장을 엄마 손에 넘겼다. 괜히 마음이 울컥해져 밖으로 뛰쳐나갔다. 저녁 시간이라 밖은 어둡고 늦가을 바람은 쌀쌀했다.

"이럴 줄 알았어! 이렇게 통장이 사라질 줄 알았다고."

동생 다해가 대견하면서도 솔직히 원망스러웠다. 다해가 가만있었으면 나도 가만있었을 텐데. 아니, 통장을 내밀 생각은 단 한 번도 안 했을 것이다. 생각할수록 다해가 대단하게 느껴졌다.

'어쩜 그렇게 망설임 없이 통장을 줄 수 있지?'

악착같이 모으고 저축하던 동생 얼굴이 떠올랐다. 통장에 돈이 차곡차곡 모여 기쁘다느니, 20살에 CEO가 되겠다느니 떠들던 동생이었다. 생애 주기 저축표를 그림으로 그리고 야무지게 미래 설계를 하던 4학년짜리 초딩. 그런데 부모님이 돈 걱정을 하자 망설임 없이 제 통장을 내놓다니.

그런데 나는 자꾸만 속상했다. 겉으론 쿨하게 통장을 엄마 손에 건넸지만 빈털터리가 된 듯 허전했다. 나는 아파트 안을 빙빙 돌다가 기운 없이 놀이터 그네에 앉았다. 흔들흔들 그네에서 허탈한 마음을 달래는데 또 배가 고팠다.

"아이, 또 배고파. 내 배엔 거지가 들어 있나."

낮에 먹은 치킨은 그새 소화가 다 되고 내 뱃속은 또 저녁밥을 기다리고 있었다. 나는 일어서서 우리 집인 101동 앞으로 갔다.

'들어갈까 말까? 조금 더 있다 들어가야 극적으로 감동하지 않을까.'

이런저런 계산을 하면서 위를 올려다보았다.

"1층 2층 3층……."

나는 손가락으로 16층을 더듬어 세며 우리 집을 찾았다.

"16층, 1601호. 저기가 우리 집이네. 아빠랑 엄마의 싸움은 이제 끝났을까?"

너무나 따뜻해 보이는 창가 불빛. 저 불빛 아래 아웅다웅 다투고 시끄럽지만 언제나 행복하게 웃던 가족들의 얼굴이 떠올랐다. 옷 하나 안 사 입으며 알뜰살뜰 가정을 돌보는 엄마, 그리고 우리 편에 서 주는 덕에 가끔 풍요로움을 느끼게 해 주는 아빠. 두 분은 서로 다르지만 잘 어울리는 한 팀처럼 느껴졌다.

가족을 떠올리자 엄마의 베스트 메뉴인 등갈비 김치찜이 생각났다.

“아, 배고파.”

김치와 함께 잘 익은 등갈비를 붙잡고 뜯어 먹는 생각을 하니 미친 듯이 식욕이 올라왔다. 나는 할 수 없이 집으로 다시 들어갔다. 내가 들어가자 아빠가 환한 얼굴로 맞아 주었다. 엄마가 다정한 목소리로 다해와 나를 불렀다.

“우리 다해랑 대산이. 오늘 너희들이 보여 준 마음에 아빠와 엄마는 감동을 받았어. 하지만 이 통장은 너희들 미래이기 때문에 받을 수가 없어. 사실은 엄마에게도 아빠 몰래 저축해 놓은 통장이 있었어. 그걸 깨기 아까워서 그랬던 건데…….”

알고 보니 엄마는 우리가 대학에 가면 주려고 오래도록 조금씩 저축해 놓은 적금이 있다고 했다. 정 안 되면 그걸 해약해 급한 불부터 끄겠다고 했다.

“그러니 걱정 말고 이 통장은 너희들이 끝까지 잘 관리하렴. 이 통장은 너희가 쌓아 가는 미래잖니.”

엄마가 화가 다 풀린 얼굴로 고개를 끄덕였다. 아빠도 나직한 음성으로 말했다.

“우리 가족의 마음을 확인한 것만으로도 뜻 깊은 날이었어. 그리고 당신, 항상 알뜰살뜰 저축해 준 거 고마워. 당신 공로는 누구보다 내가 더 잘 알아. 잊지 않을게.”

아빠가 엄마 손을 슬그머니 잡자 엄마가 눈가에 고인 눈물을 슬쩍 찍어 냈다. 엄마는 나와 다해에게 통장을 다시 건네주었다. 통장을 받아들자 나는 기분이 좋아졌다. 나는 어색한 분위기도 깰 겸 너스레를 떨었다.

"와! 반갑다. 내 통장아."

식구들 보는 앞에서 통장에 입을 쪽 맞추자, 다해가 웃겨 죽겠다는 듯이 어깨를 들썩였다. 방금 전까지만 해도 닭똥 같은 눈물을 뚝뚝 떨어뜨렸던 것 같은데, 그새 얼굴에 웃음이 가득했다. 다해도 좋은가 보다. 제 통장을 바라보는 눈길이 정답기만 하다.

"엄마, 김치찌개 해 주면 안 돼? 너무 배고파."

"세상에! 낮에 치킨이랑 피자를 저렇게 먹어 놓고 또 배가 고파? 맨날 먹여 봐야 살도 안 찌면서. 네 몸에 먹깨비 붙은 거 아니니? 요즘 어째 입만 열면 배고프대?"

엄마가 곱게 눈을 흘기며 뒤늦은 저녁을 짓기 시작했다. 등갈비는 아니지만 큼직한 돼지고기를 넣은 김치찌개였다. 보글보글 끓는 찌개의 매콤한 냄새가 나를 자극했다.

나는 킁킁 냄새를 맡으며 생각했다.

'어려운 일은 언제 어떻게 나타날지 모르는군!'

　매큼하게, 혹은 쓴맛으로, 또는 아린 맛으로, 우리의 행복
틈 사이마다 어려운 일은 불쑥 끼어든다. 하지만 우리에겐 가
족이 있다. 게다가 저마다 감춰 놓은 통장은 얼마나 든든한
친구인지!

청린이들 모여라

다해가 주택청약통장에 관한 영상을 올린 뒤 최근 일주일간 갑자기 조회 수가 엄청나게 늘어났다. 그 이유는 뉴스에서 요즘 어린이 청약저축 가입자가 늘어나고 있다는 보도가 나온 뒤 알고리즘을 타고 들어온 구독자들 덕분이었다. 다해는 신이 나서 고모에게 연락을 했다.

"고모, 어린이 청약에 관해 고모를 모시고 촬영을 하고 싶은데 출연해 주실 수 있어요?"

온가족경제연구소 소장으로 바쁜 나날을 보내던 고모가 한걸음에 달려왔다.

145

"우리 다해가 좋은 콘텐츠를 만들겠다는데 당연히 고모가 도와줘야지."

다해는 나와 로운이에게도 출연 제안을 했다.

"오빠랑 로운이 오빠도 출연해 주면 좋겠어. 요즘 어린이들이 어떤 식으로 저축을 하고 용돈을 사용하고 있는지 알려 주면 좋잖아."

원래 관심 받길 좋아하는 로운이는 바로 오케이를 했다. 나는 끝까지 안 하겠다고 버티다가 다해가 출연료를 주겠다는 말에 얼떨결에 승낙을 했다. 얼마를 줄 거냐고 물었더니, 하는 거 보고 결정하겠다나? 대왕소금보다 더 짠 다해소금이 출연료를 줄 리 없다. 하지만 너그럽게 속아 주기로 마음먹고 출연을 결정했다.

"너희들이 다 함께 유익하고 좋은 콘텐츠를 만들면 너무 좋지! 고모가 많이 도와줄게."

고모가 운영하는 유튜브 채널은 원래 구독자들이 엄청 많다. 고모 같은 유명 인사가 다해의 채널에 전문가로 출연하면 대박이 날 게 분명했다. 고모는 자신의 채널에 링크를 걸어 홍보를 해 주겠다고 했다.

'아, 너무 창피한 일인데.'

알고 보면 나는 엄청난 부끄럼쟁이다. 성격도 까칠하고 소심한 데다 사실 겁도 많다. 그런데 요즘 다해에게 강력하게 끌려가고 있다. 다해가 제 통장을 아낌없이 부모님께 내어 주던 모습을 본 순간부터 나는 다해에게 이끌리고 있었다.

드디어 우리 집에서 동영상 촬영이 이루어졌다. 로운이는 멋지게 보이려고 머리엔 비니 모자를 쓰고 렌즈 없는 뿔테 안경까지 쓰고 나타났다.

'로운이 녀석, 관심 받는 거 정말 좋아한다니까!'

나는 갑자기 맨얼굴을 전 국민에게 보이는 게 영 부끄러워져 로운이의 아이템이 부럽기까지 했다. 다해와 고모가 드디어 말을 꺼내며 방송 시작을 알렸다.

다해

'다해소금의 짠내 일기' 구독자 여러분 안녕하세요. 오늘은 아주 귀한 분을 모셨습니다. 저희 고모인데요. 온가족경제연구소 소장님이시고 젊은이들에게 부동산과 투자에 대해 알려 주는 꿈의 멘토로 유명하신 정지영 소장님입니다.

고모

어린이 여러분, 안녕하세요. 아임해피 정지영입니

다. 오늘 다해소금의 짠내 일기에 출연하게 되어 아주 영광입니다. 요즘 어릴 때부터 경제관념을 심어 주는 일에 우리 부모님들도 관심이 많다고 하는데요.

경제 교육은 평생 교육이에요. 특히 어릴 때부터 저축의 중요성, 소비 습관, 예산 관리, 온라인 금융 교육, 미래 설계를 위한 생애 주기 저축 계획과 경제 교육은 아주 중요하지요.

나와 로운이도 쑥스럽긴 하지만 고개 숙여 인사를 했다.

대산

저는 다해소금의 오빠 정대산입니다. 동생의 짠내 일상을 낱낱이 보고 있는 사람으로서 강제로 출연하게 되었습니다.

로운

저는 다해소금의 옆집 사는 오빠이며 정대산의 베스트 프렌드인 계로운입니다. 친구들은 저를 '괴로운'이라고 부르기도 해요. 흐흐. 엄마 아빠 두 분이 모두 은행에 다니시는 덕분에 일찍부터 청약저축과 어린이 펀드 등에 관심을 가지게 됐어요. 그래서 특별 출연을 하게 됐습니다.

네, 오늘은 주제가 어린이 청약인데요. 제가 우리 반 친구들에게 청약이 뭔지 아냐, 청약저축에 가입은 했냐 등 미리 설문 조사를 했는데요. 이런 건 난생처음 들어 봤다는 친구도 있고, 들어 보긴 했지만 뭔지는 잘 모른다는 친구도 있었어요. 그러면서 오늘 집에 가면 엄마한테 자기도 청약통장이 있는지 물어보겠다며 관심을 보였어요. 지난번에 이어 이번 영상은 더 많은 도움이 될 거예요. 제가 친구들에게 미리 질문도 받아 됐는데, 이런 것들을 오늘 소장님께 물어보겠습니다.

저는 오늘 깜짝 놀랐어요. 우리나라 어린이들도 이제 경제에 관심이 많고 일찍부터 다양한 방법으로 저축하며 미래를 준비하고 있구나, 정말 대견하고 기분이 좋아요. 그럼 다해는 어떤 식으로 저축을 하는지 먼저 들려줄까요? 궁금하거든요.

네, 저는 고모의 가르침을 받아서 평소 저축을 생활화하고 있는데요. 이렇게 3개의 통장을 갖고 있어요. 하나는 청약통장이고요, 하나는 그동안 받은 세뱃돈 등 목돈을 넣어 둔 예금통장이고요, 하나는 제가 엄마 심부름으로 받은 돈을 매월 저축하고 있는 적금 통장이에요. 제가 돈을 모으는 방법은 여러 가지가 있는데요. 먼저…….

다해는 자기가 어떤 식으로 저축을 하는지 신나게 떠들었다. 아주 물 만난 금붕어 같았다. 오늘도 입술은 핑크빛으로 색칠하고 나와 뻐끔뻐끔 떠들어댔다. 다해는 우리에게도 어떤 식으로 저축을 하는지 물었다.

로운

저는 청약통장을 만든 지 꽤 됐어요. 어른이 되면 저도 내 집을 갖고 싶거든요. 물론 부모님이 집을 물려주실 수도 있지만 오래오래 100살까지 사셔야 하잖아요. 흐흐. 또 세뱃돈 받은 것으로는 어린이 펀드에 가입했어요. 저는 1억 원 모으기가 목표라서요. 펀드는 제가 저축한 돈으로 여러 기업에 투자를 해서 이득을 내는 건데요. 처음에는 손해를 봤는데 그 다음에는 제가 좋아하는 과자랑

아이스크림 만드는 제과 회사에 돈을 투자했어요. 작년 여름에 엄청 더웠잖아요. 그때에 그 제과 회사가 엄청 장사가 잘 되니까 제 자산도 늘어나더라고요. 너무 신기했어요. 역시 난 부자의 피가 흐르고 있어요. 흐흐흐.

로운이는 자랑을 쏟아 냈다. 자기는 어리석게 돈을 쓰는 짓은 절대 안 한다느니, 앞으로도 경제에 관심을 갖겠다느니. 그 소리를 듣는데 갑자기 열이 확 뻗쳤다.

'어리석게 돈을 쓰는 사람은 결국 나라는 말이군! 칫! 조립품은 다 내가 사게 만들더니. 얍삽한 녀석.'

그동안 나를 꼬드겨 조립품을 사게 한 뒤 자기는 공짜로 재미를 본 로운이가 얄미웠다.

다해가 이번에는 고모에게 여러 질문을 던졌다. 청약이 뭔지, 언제부터 가입하면 좋은지 등 이것저것 하나씩 질문을 해 나갔다.

고모

새로 지어지는 아파트를 사기 위해서는 먼저 주택청약저축에 가입해 자격을 얻어야 해요. 청약저축에 가입이 되어 있는 사람만 아파트 분양을 신청할 수 있도록 약속이 되어 있지요. 아참, 건설사가 아파트를 새로 지어 파는 걸 분양이라고 해요.

청약통장은 언제 만드는 게 좋은가요? 일찍 들수록 좋은가요?

어머니들이 어릴 때부터 자녀 이름으로 들어 주시면 좋아요. 저축하는 습관을 일찍부터 기르는 거지요. 늦어도 14살에는 꼭 들어 두는 게 좋아요. 왜냐하면 항목마다 점수를 매겨 점수가 높은 사람을 당첨시켜 주는 가점제라는 제도가 있는데, 항목 중에 저축 가입 기간도 있거든요. 저축한 기간이 오래될수록 나의 점수도 높아지는 거지요. 게다가 미성년자였을 때의 저축 기간을 원래는 2년만 인정해 줬는데, 이제 5년으로 늘어났어요.
즉, 14살에 청약저축을 들면 19살이 될 때 미성년자 저축 기간에서 최대 점수를 받을 수 있는 5년을 채울 수 있게 된다는 거지요. 인정해 주는 금액도 200만 원뿐이었는데 600만 원으로 올랐답니다. 14살에 가입을 해 매달 10만 원씩 저축을 하면 19살에 600만 원이 돼요. 14살 이전에 가입을 해서 10년 넘게 저축했는데 5년밖에 인정을 안 해 주면 손해냐고 궁금해하실 수도 있는데 그렇지 않아요. 일찍부터 저축하면 그만큼 저축액도 늘어나니까 나쁠 게 없지요.

청약을 일찍부터 준비하면 뭐가 좋은가요?

그만큼 당첨 확률이 높아지지요. 청약에 당첨되면 좋은 조건으로 집을 마련할 수 있거든요. 지금 어린이들도 언젠가는 어른으로서 내 집, 내 삶의 터전을 마련해 살아가야 하잖아요. 어릴 때부터 일찍 준비를 해 둔다면 미래를 더 계획적으로 설계할 수 있지요.

　고모의 자세한 설명이 이어지고 다해가 갑자기 내게 질문을 던졌다.

우리 오빠 정대산 군은 그동안 취미 활동에 돈을 아끼지 않고 펑펑 써 왔는데요. 우리 집 청린이 2호가 된 뒤로 뭔가 달라진 점이 있나요?

나는 평소처럼 삐딱한 답변을 하려다가 생각을 바꾸고 진지하게 내 속마음을 털어놓았다.

네, 그동안 사고 싶은 걸 아무 생각 없이 충동구매를 한 적이 많았는데 청린이가 된 뒤로 저축에 욕심이 나기 시작했어요. 그리고 이제는 꼭 사고 싶은 것이 있을 때는 조금씩 용돈을 모았다가 사는 게 지혜로운 소비라는 것을 깨달았어요. 그리고 그걸 실천해 나가고 있어요.

내 말이 끝나자 로운이가 작은 목소리로 "우아!" 하며 감탄했다. 내가 좀 괜찮았나? 살짝 우쭐하면서도 쑥스러워서 이 자리가 빨리 끝나기만 기다려졌다. 다해의 '어린이 청약의 모든 것' 동영상 촬영은 성공적으로 끝났다. 고모도 우리를 한껏 칭찬했다.

"우리 조카들, 아주 똑똑하던데? 걱정 안 해도 되겠어. 그리고 로운이도 일찍부터 준비하고 있었다는 것에 깜짝 놀랐어. 아주 멋졌어. 깐족거리는 거만 빼면. 호호."

고모의 칭찬에 로운이가 저답지 않게 매우 공손한 태도를 보였다.

그날 밤, 나는 슬그머니 은행에서 받은 용돈 기입장을 처음으로 펴 보았다. 그리고 날짜에 맞춰 생애 처음으로 용돈 기입장을 작성해 보았다. 일기도 한 번 쓴 적 없는 내가 용돈 기입장이라니!

그런데 참 이상했다. 공책에 꼼꼼히 숫자를 기록하는데 그게 참 내 적성에 맞았다. 뭐랄까? 달큰한 쫀드기를 꼭꼭 씹는 것처럼 제법 맛이 있었다.

청약에 당첨되면
언제부터 그곳에서 살 수 있나요

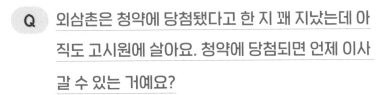

Q 외삼촌은 청약에 당첨됐다고 한 지 꽤 지났는데 아직도 고시원에 살아요. 청약에 당첨되면 언제 이사 갈 수 있는 거예요?

우리나라는 주로 아파트를 짓기 전에 미리 신청을 받는 방식으로 청약을 하고 있어. 이걸 '선분양'이라고 하지. '대산이, 오빠니까 솔선수범해야지!'라는 말 많이 들어 봤지? 먼저 모범을 보여야 한 다는 뜻이잖아. '선'이라는 말은 '먼저'라는 뜻을 갖고 있거든. 아 파트가 다 지어진 다음에 청약 신청을 받는 '후분양'도 있지만, 대산이네 외삼촌은 선분양한 아파트에 당첨된 거지.

즉, 아파트를 짓기 전에 당첨이 된 거야. 그렇다면 빈 땅에 건물을 짓고, 나무도 심고, 대산이가 좋아하는 놀이터도 만들고 아파트 앞에 늘어서 있는 가게 건물도 지으려면 오래 걸리겠지? 보통 당첨되고 2~3년 후에 이사할 수 있다고 생각하면 돼. 그동안 새 집으로 이사 갈 생각을 하면 너무 설레고, 저절로 돈을 절약하게 된단다!

Q **삼촌이 '사전점검'을 해야 한다고 우리 가족 다 같이 가자고 했어요. 사전점검이 뭐예요?**

벌써 사전점검을 갈 때가 됐구나! 사전점검은 집이 다 지어진 후, 이사하기 전에 집이 제대로 지어졌는지 확인해 보는 걸 말해. 이 역시도 선분양을 한 아파트이기 때문에 필요한 절차지. 대체로 집이 잘 지어지긴 하지만 어딘가 잘못된 부분이 있을 수도 있잖아. 이미 이사를 해서 짐을 옮긴 후면 해결하기가 어려우니까 이사해도 괜찮은지 점검을 하는 거지. 건설사에서 '이때부터 이때까지가 사전점검 기간입니다' 하고 정해 준단다.

집이 잘 지어졌는지 확인하고, 식구들이 다 함께 가면 각자 내 방은 어디로 할지 정하고, 가구는 어떻게 놓을지 생각해 보기도 하는 거야. 이사하기 전에 텅 비어 있는 새 집에 가서 침대와 책상은 어디에 놓을지, 네 조립품들은 어디에 전시할지 그런 것들을 고민해 본다고 해 봐. 상상만 해도 즐겁지 않니?

나에게 선택적 소비는?

삼촌이 아파트의 잔금을 차곡차곡 모으고, 입주 날짜가 다가오는 동안 나는 어느새 6학년이 되어 졸업까지 한 학기를 남겨 두고 있었다. 오늘은 삼촌의 아파트 '사전 점검' 날이라 온 가족이 함께 구경을 가기로 했다.

사전 점검은 아파트가 거의 다 지어질 때쯤 하는 것으로, 집주인들은 아파트 구경도 하고 자기 집이 잘 지어졌는지 살펴보는 날이라고 했다. 만약 공사가 잘못된 곳이 있다면 AS를 신청할 수 있다고 한다.

"와 삼촌은 좋겠다! 드디어 새 집이 다 지어졌구나."

나는 진심으로 기뻐해 주었다. 엄마도 삼촌을 대견스러워했다. 막내 동생이 열심히 일해 제 집 마련을 했으니 누구보다 기쁜 엄마였다.

토요일, 모든 식구가 아빠의 차를 타고 곧 삼촌의 집이 될 아파트에 갔다. 쭉쭉 뻗은 아파트들이 번쩍번쩍 빛을 내며 자랑스럽게 우뚝 서 있었다. 삼촌의 집을 찾아 안으로 들어가니 새집답게 환하고 깔끔했다.

"와, 좋다!"

우리는 일제히 탄성을 질렀다. 앞이 확 트여 멀리 산이 보이는 풍경이라니! 삼촌은 뿌듯해하며 계속 싱글벙글거렸다.

"엄밀히 말하면 아직은 내 집이 아니지. 마지막 잔금까지 내고, 세금도 내고, 정식으로 내가 이 집의 주인이라는 법적 절차인 '등기'라는 것을 내야만 내 집이 되는 거야."

어른이 되어 재산을 갖게 되면 세금도 내야 하고 꼭 밟아야 할 여러 절차가 있다고 했다.

"너희들도 청약저축 잘 내고 있지? 삼촌을 잘 보고 배워라. 에헴. 알겠지? 역시 잘 키운 청약통장 고액 연봉이 안 부럽다니까."

삼촌은 연신 자기 자랑을 하면서도 꼼꼼하게 집 구석구석을

체크했다.

"에잇, 여기 마루에 흠집이 났잖아. 이 사람들이! 조심해서 공사하지 않고."

미세한 긁힘에도 유별나게 깐깐하게 굴었다.

새집 구경을 하다 보니 그동안 삼촌이 악착같이 일했던 것이 이해가 되었다. 헌 옷 가게에서 산 2만 원짜리 옷을 입고도 자랑을 하던 모습이 떠올랐다.

"대산아, 이거 원래 백화점에서 몇 십만 원에 파는 좋은 옷인데, 헌 옷 가게에서 2만 원에 샀어. 완전 득템했다니까."

"헌 옷이 뭐가 좋다고……. 나 같으면 새 옷 사겠다."

내가 시큰둥해하면 삼촌은 당당하게 자신의 생각을 밝혔다.

"새 옷을 포기하고 헌 옷을 선택한 건 미래를 위해서야. 당장 사고 싶은 걸 못 사는 건 아쉽지만, 욕심을 참고 저축을 하면 대신 미래에 더 큰 것, 더 좋은 것을 살 수 있거든. 미래의 목표를 달성할 수 있다는 건 행복한 일이야."

젊을 때 고생은 사서도 한다면서 눈을 빛내며 말하던 삼촌! 그런 노력 덕분에 삼촌은 커다란 열매를 수확하게 된 거다.

'나도 어른이 되면 열심히 저축해서 청약도 당첨되고 부자로 살아야지.'

162

집으로 가는 길에는 짠돌이 삼촌이 중국집에서 자장면에 탕수육까지 쏘는 바람에 모처럼 외식을 했다.

삼촌 아파트를 다녀온 그날 저녁 무렵이었다. 로운이가 숨넘어갈 듯 우리 집으로 달려왔다. 뭔가 낌새가 수상했다.

"야, 너 그거 알아? 드디어 대회 소식이 떴어."

"무슨 대회?"

"대산이 너는 참 정보에 어두워. 나 아니면 어떻게 살래?"

한바탕 으스대더니 로운이가 말을 꺼냈다.

"항공모함 시리즈 새 제품의 출시를 앞두고 스피드 조립 대회가 열린대. 네가 그토록 기다리던 대회였잖아."

내게도 반가운 소식이었다. 조립 대회 날에는 새로 출시한 신상품이 처음으로 공개된다. 대회에 참가한 사람들에게 제일 먼저 신상품을 조립해 볼 기회가 주어지는 것이다.

대회에서는 3시간 동안 조립을 하는데 누가 빨리 그리고 정확히 조립을 하느냐가 관건이다. 20등 안에 들면 참가비를 돌려받고, 3등까지는 상금도 있다고 했다.

그런데 문제는…… 참가비가 너무 비쌌다. 작년에 통장을 만든 후부터는 용돈이 남으면 항상 저축을 해 온 데다가, 아

직 통장에 넣지 않은 가점제 특별 용돈은 너무 적었다. 내게
는 참가비를 낼 돈이 전혀 없었다. 엄마 몰래 통장에서 돈을
찾지 않는 이상……. 하지만 그럴 생각은 없었다.

"완전 마니아들을 노린 거잖아. 치사해."

나는 로운이에게 예전의 내가 아니라는 걸 보여 주기 위해
조금 분개하며 말했다.

"대산이 너, 계속 이날만 기다려 왔잖아. 너라면 등수 안에
들지 않을까."

로운이가 또 나를 부추겼다. 로운이는 내 방 선반으로 다가
가 얼마 전 완성시켜 놓은 항공모함 조립품을 조심스레 꺼내
들었다. 그러더니 감탄하듯 바라보며 말했다.

"진짜 멋져! 이건 전투기를 하나만 실은 항공모함이지만 새
조립품에선 어쩌면 전투기가 2개나 3개일지도 몰라. 난이도
가 한 단계 더 높을 테니까."

로운이 말에 가슴이 두근거렸다. 하지만 나는 마음을 접었
다. 지난번에 항공모함을 사고는 엄마한테 얼마나 잔소리를
들었나. 이걸 사려면 조금씩 용돈을 모아 내년쯤이나 돼야 할
것이다. 게다가 다해의 유튜브 채널에 출연해 전 국민이 보는
앞에서 떠들지 않았던가. 더욱이 고모가 본인의 유튜브 채널

165

에 다해의 영상을 홍보해 준 덕분에 조회 수는 어마어마했다.

'이제는 꼭 사고 싶은 것이 있을 때는 조금씩 용돈을 모았다가 사는 게 지혜로운 소비라는 것을 깨달았어요. 그리고 그것을 실천해 가고 있어요.'

"한 입으로 거짓말을 할 수는 없어. 전 국민 앞에서 떠들었잖아."

로운이는 이런 내 모습에 실망한 채 제 집으로 돌아갔다.

하지만 아쉬움은 계속 커졌다. 초등학교 시절의 마지막 추억을 꼭 한번 만들고 싶었다. 이번에 꼭 한번만, 아니 마지막으로 조립 대회에 나간다면 내 초등학교 시절을 훌륭하게 마무리할 수 있을 것만 같았다. 그때 엄마가 나를 불렀다.

"대산아, 너 얼마 있으면 졸업인데 이번에 졸업 선물로 옷하나 사 주려고. 너 패딩 소매가 짧아졌더라. 큰맘 먹고 하나사자."

"정말요? 엄마가 어쩐 일이야?"

"얼른 준비해. 지금 나가자."

엄마를 따라 얼떨결에 옷을 사러 나갔다. 엄마는 할인점만 돌아다녔다. 세일하는 것 중에 싸고 좋은 제품으로 고르려고 눈을 부릅뜨고 다니는 게 느껴졌다. 나는 점점 피곤해졌다.

166

"많이 돌아다녀야 싸고 좋은 물건을 살 수 있지."

엄마가 그럴수록 나는 점점 지쳐 갔다. 그때 문득 내 머릿속에 좋은 생각이 떠올랐다.

'옷을 사지 말고 졸업 선물로 차라리…….'

나는 사실 옷에는 그다지 관심이 없다. 아마 엄마를 닮아서인 것 같다.

"엄마, 옷 다음에 사요. 맘에 드는 것도 없고."

엄마도 싼 옷을 찾는 데에 지친 것 같았다. 맘에 들어서 가격표를 펼쳐 보면 어김없이 입이 벌어지는 가격이었다.

"에휴, 그러자. 다음 주쯤이면 오히려 본격 세일 기간일 것 같아. 오늘은 그만 가자."

엄마는 가족의 양말만 몇 꾸러미 사 들고 집으로 돌아왔다.

집으로 돌아온 나는 이번 달에 남은 용돈을 세 보았다. 많이 남아 있긴 하지만 대회 참가비로는 한참 모자랐다. 얼마 전 삼촌이 입으라며 준 패딩 점퍼를 꺼냈다. 그날은 쳐다도 안 보고 쑤셔 박아 둔 옷이었는데 지금 보니 쓸 만했다. 솔직히 대왕소금 옷 중에 제일 좋은 옷이다. 삼촌은 좋은 옷인데 살이 쪄서 못 입게 되었다며 엄청 아까워했다. 패딩을 입어 보니 나에게는 넉넉해서 오히려 보기 좋았다. 나는 삼촌의 커다란 패딩을 입고 거실로 나갔다.

"엄마, 나 삼촌이 준 패딩 입고 다닐래. 삼촌이 나 입으라고 준 거잖아."

달라진 내 태도에 엄마는 이해할 수 없다는 표정만 지었다.

"별일이네. 짠돌이 삼촌을 점점 닮아 가는 거니? 그래도 졸업식인데 좀 깔끔하게 입어야지."

"엄마, 돈 쓸 일이 여러 군데일수록 지금 시점에서 가장 필요하다고 생각하는 것을 선택해야 하잖아. 나는 지금 하나를

포기하는 대신, 내가 꼭 쓰고 싶은 곳에 돈을 쓰는 게 가치 있는 거라고 생각해요."

"아니……. 얘가 왜 이래? 뭘 잘못 먹은 거니?"

"나 요즘 용돈 기입장도 쓰고 다해처럼 저축도 하면서 좀 달라지긴 했어요."

나는 의젓하게 말하며 엄마에게 점수를 땄다. 그날 저녁 아빠가 돌아오기만을 기다렸다. 가족들이 다 모인 저녁에 나는 용기 있게 입을 열었다.

"엄마, 아빠. 제 졸업식 선물로 꼭 받고 싶은 게 있는데……."

진지한 내 태도에 가족들은 조금 긴장한 표정이었다.

"이번에 항공모함 조립 대회가 열리는데 초등학생 시절 마지막 추억으로 대회 나가 보고 싶어요. 참가비를 제 스스로 마련하기가 벅차요. 좀 비싸긴 하지만 허락해 주시면 안돼요?"

그 말에 역시나 다해가 제일 먼저 반응을 보였다.

"또 또 시작이군! 한동안 잠잠하다 했더니."

얄밉게 톡 끼어드는 다해에게 욱하고 성질을 부리려다 꾹 눌러 참았다.

"다해야. 이 오빠 이야기 아직 안 끝났거든. 마저 다 들어 줄래?"

점잖게 말해서인지 다해도 곧바로 얌전해졌다.

나는 대회에 대해 설명을 했다. 참가비를 용돈으로 하기엔 좀 비싸며, 가점제로 받은 특별 용돈까지 합쳤으나 대회 날까지 돈을 모으기에는 부족하다는 이야기였다.

"그 대회 너무 상술 부리는 거 아냐?"

엄마가 아주 못마땅한 투로 말했다.

"상품 마케팅이지. 마니아층 고객에게 적당한 포상을 곁들여 대회라는 이름을 붙이고 집중적으로 광고를 하는 거야."

아빠는 자리를 고쳐 앉으며 고민된다는 듯 팔짱을 꼈다.

"저는 옷에는 그다지 관심이 없어요. 헌 옷을 입어도 하나도 부끄럽지 않아요. 대신 내가 꼭 도전하고 싶은 거에 도전하게 해 주세요. 그리고 이제 프라모델 조립품도 개인의 소장품으로서 가치도 있고, 취미로 존중받는 시대라고 들었어요."

내 말에 아빠가 곧바로 맞장구를 쳐주었다.

"그건 대산이 말이 맞아. 이젠 우리나라도 잘살게 되면서 개인의 취미에 대한 관심도 높아졌지. 하지만 모든 건 자기 형편에 맞게 해야 하는 거, 대산이도 알고 있지?"

내가 고개를 끄덕였다. 엄마 아빠는 잠자코 듣고만 있더니 아빠가 드디어 입을 열었다.

"정말 옷은 안 사도 좋다는 거지?"

엄마도 내게 물었다.

"아니, 조립이 그렇게도 좋으니?"

나는 고개를 끄덕였다.

"네. 저는 조립이 축구보다도, 치킨보다도 좋아요. 또 집중력과 끈기, 인내심도 길러 주잖아."

두 분은 말없이 눈빛 교환을 하더니 아빠가 말했다.

"그래. 좋아. 네가 옷 대신 조립 대회를 선택하겠다면 네 뜻을 존중해 줄게. 초등학교 시절 마지막 추억으로 대회에 나가 보렴. 그 대신 졸업 선물은 더 이상 없다!"

그 말에 나는 기분이 너무 좋았다. 혼자 맘대로 돈을 쓰던 내가 부모님과 의논하는 태도를 보인 것만으로도 좋게 보신 것 같았다.

"감사해요. 중학교 가면 그땐 조립과는 작별할게. 아, 뭐. 영영 작별은 아니고……. 어쨌든 맘 잡고 공부할게요. 용돈도 더 아껴 쓰고, 저축도 꾸준히 할 거예요."

나는 최대한 보기 좋은 모양새의 말들을 잔칫상에 늘어놓듯 펼쳐 놓았다.

스피드 조립 대회

항공모함 조립 대회는 완구 회사 전시 매장의 한 부스에서 근사하게 열렸다. 초등학생 팀과 성인팀 둘로 나뉘어 대회가 열렸다. 로운이는 내 든든한 응원군이 되어 함께 가 주었다.

"정대산! 잘해. 등수 안에 들어야 참가비는 버는 거다!"

로운이는 자기가 무슨 연예인 매니저라도 되는 것처럼 내 팔을 주물러 주고 손가락 마사지까지 해 주었다. 내가 조립을 하는 동안 로운이는 전시장을 쏘다니며 새 제품을 구경하기에 바쁠 것이다.

이 대회는 제법 인기가 있다. 전시장의 새 제품을 구경하러 온 사람들도 많았다. 또 어른들의 조립 과정을 영상으로 담기 위해 온 크리에이터들도 있었다.

　대회가 시작되었다. 나는 혼자만의 이 시간이 좋다. 혼자 꼼꼼함에 푹 빠져 하나하나 끼우고 맞추고 붙이다 보면 완성의 기쁨을 누리게 된다. 설계도를 살펴보니 전투기는 이전에 나온 제품과 똑같이 한 대가 올라가긴 하지만, 훨씬 더 근사하고 정교했다. 조립하기 매우 고난도였다.

　그때 내 옆에서 어떤 여자애가 조립을 하고 있었다. 그 여

자애는 가자미눈으로 자꾸 나를 흘끗거렸다. 잠깐 눈이 마주쳤는데 가자미눈이 아주 승부욕으로 이글거렸다.

'왜 자꾸 쳐다봐. 그냥 하면 될 것이지. 신경 쓰이네.'

그러거나 말거나 나는 점점 조립의 세계에 빠져들었다. 생각보다 너무 어려워 옆에서 이래라, 저래라 훈수를 두던 로운이가 그리워졌다. 중간에 나는 오줌을 누러 화장실을 다녀온 것 외에는 꼼짝도 하지 않고 조립에만 전념했다.

받침대를 놓고 바닥을 만들고…… 갑판을 올리고 선체도 올려야 한다. 레이더와 관제탑 조립도 해 둬야 한다. 배에 굴뚝도 세워야 하고 엔진도 달아야 한다. 프로펠러도 만들어야 한다. 소형 비행기 5대를 재빨리 조립해 올려야 하고, 가장 중심이 되는 전투기는 완벽하게 조립해야 한다. 오랜 과정을 지나 드디어 끝을 향해 달려가려는 즈음…….

그때 옆에서 조립을 하던 여자애 입에서 "완성!" 하는 소리가 터져 나오면서 땡 하는 종료벨 소리가 났다. 전광판에 여자애의 종료벨 번호가 뜨고 담당자가 다가와 완성된 제품을 점검했다.

"벌써 다 했다고?"

나는 깜짝 놀라 옆을 바라보았다. 또 눈이 마주쳤다. 아까는 흘낏대면서 나를 잔뜩 경계하던 아이가 이번엔 초승달 눈으로 씽긋 웃으며 말했다

"야, 한눈 팔지 말고 빨리 해."

나는 얼떨결에 대답을 했다.

"어? 어……. 알았어."

나는 집중해서 마무리를 하기 시작했다. 나도 여자애에 이어 종료벨을 땡 눌렀다. 여기저기서 종료벨 누르는 소리가 들려오고 전광판에는 벨 번호가 떴다.

"휴우."

마침내 기나긴 조립 대회가 끝났고, 이윽고 결과가 나왔다. 믿을 수 없는 일이 벌어졌다. 내가 3등을 한 것이다.

"와아! 만세!"

나는 두 손을 높이 쳐들었다. 로운이도 함께 기뻐하며 팔짝팔짝 뛰었다.

"정대산, 넌 역시 조립의 천재야. 참가비 건졌네. 게다가 상금까지 타서 돈도 벌다니."

태어나서 처음 내 손으로 직접 돈을 번 것이다. 내게 이런 일이 벌어지다니. 빨리 집에 가서 이 기쁜 소식을 가족들에게

전하고 싶었다. 신나게 전시장을 구경한 뒤 대회장을 빠져나
가려는데, 그 여자애와 마주쳤다.

"너 3등 한 거 축하해. 집중력이 대단하던데!"

거침없이 말을 거는 여자 아이 때문에 조금 얼떨떨했다.

"너도 축하해. 너는 2등이지? 고마워. 네가 마지막에 집중
하라고 말 안 해 줬으면 집중력이 흩어졌을지도 몰라."

나도 기분 좋게 한마디 건넸다. 우리는 그렇게 인사를 주고
받은 뒤 헤어졌다. 이름이 뭔지, 어디 사는지 아무것도 모른
채였다.

상상하며 꿈꾸는 세상

내 방 선반에는 자랑스런 항공모함 새 조립품이 전시되어 있다. 이제는 아무런 미련이 없었다. 나는 상금을 어디에 쓸까 생각했다.

'청약통장에 더 넣을까? 아니면 나도 아빠처럼 주식에 도전해 볼까?'

고민하다가 은행에 다니시는 로운이 부모님의 조언에 따라 은행의 어린이 펀드 상품에 넣기로 했다. 고모에게 전화해 의논하자 고모는 웃으면서 내 결정에 동의해 주었다.

"잘한 결정이야. 대산아, 계란을 한 바구니에 담지 말라는 말이 있거든? 한 바구니에 다 담았다가는, 한 번 놓치면 계란이 다 깨지고 말잖니. 물론 지금은 돈이 많지 않으니 예금통장과 청약통장에 저축하는 것만으로도 충분하지만 나중에 어른이 되어 돈을 많이 벌면 여러 곳에 나누어 투자하는 게 좋아. 펀드는 좋은 첫 단추가 될 것 같아."

펀드에 가입하기 위해서는 은행에서 해야 할 게 많았다. 잘 모르지만 은행 누나가 안내하는 대로 다 하고 났더니 마음 한구석에 뿌듯함이 솟아올랐다.

"휴, 절차가 복잡하긴 했지만 나도 이제 어엿한 투자자야. 부자가 된 기분이군."

왠지 뿌듯했다. 내 투자금이 쑥쑥 늘어나길 바랄 뿐이다.

한편 동생 다해는 요즘 방학을 맞아 '어린이 경영자 교실'에 다닌다. 어느 기업에서 하는 어린이 경제 무료 캠프였다. 동생은 사흘간 경제 캠프에 다녀온 뒤 수다가 더 늘었다.

"세계적인 투자자 워런 버핏 알지? 워런 버핏이 뭐라고 한 줄 알아? 돈 관리는 학교 다니기 전부터 배워야 한다고 했대. 어릴 때부터 용돈 관리를 잘하면 커서도 자산 관리에 능숙해진대."

"어쭈! 무슨 재벌이라도 된 것 같다. 그래서 경영자 교육은 잘 받은 거야?"

내 말에 다해는 고개를 끄덕였다.

"우리는 누구나 경영자랬어. 나를 경영해 가야 하잖아. 진짜 경영자가 될 수도 있고 말이야."

요즘 우리 가족은 모두 바쁘다. 엄마는 미용실에서 허드렛일만 하던 단계에서 나아가 이제는 커트도 하기 시작했다고 한다. 예전 기술이 슬슬 되살아나는 모양이다. 아빠는 일을 나가는 엄마를 위해 저녁엔 일찍 와서 집안일을 돕기도 했다.

삼촌은 동창회에 나가 연지라는 친구를 만난 뒤부터 얼굴

에 생기가 돌았다. 그러고는 가족들 앞에서 폭탄선언을 했다.

"초등학교 동창 연지랑 요즘 사귀고 있어요. 내년쯤엔 결혼하기로 했어요."

우리 가족은 모두 깜짝 놀랐다.

"엥? 삼촌, 정말이야?"

삼촌은 자기 말이 사실이라는 것을 증명이라도 하듯 휴대폰을 뒤적이더니 으스대는 표정으로 어릴 적 사진 한 장을 보여 주었다. 그런데 사진 속 연지라는 아이는 엄청 당차 보였다. 내 눈에는 남자애들 팔을 비틀고 헤드락을 해도 될 만큼 힘이 센 왈가닥처럼 보였다.

"삼촌, 너무 빛의 속도로 나가는 거 아냐?"

"이젠 결혼할 나이도 됐고, 우린 서로 마음이 통했어. 연지도 그동안 차곡차곡 돈을 모아 놓았더라고. 우리는 아파트 잔금도 함께 내고 새집에서 가정을 꾸리기로 했어."

근데 삼촌이 보여 준 여자 친구의 모습이 자꾸 어디선가 본 듯한 착각을 일으켰다.

"삼촌, 어디선가 본 것 같은데? 눈이 쭉 찢어진 것도 그렇고 ......"

"야, 너 무슨 말을 그렇게 하냐. 눈이 찢어지다니. 이런 사람을 보고 동양 미인이라고 하는 거야. 나는 이 동양적인 눈에 반한 건데."

그 순간 머릿속에 짧게 스쳐 지나가는 얼굴이 있었다. 나는 소리를 질렀다.

"맞아! 조립 대회에서 만났던 아이. 그 아이랑 똑 닮았어. 완전 도플갱어야."

나 혼자만의 생각인지는 몰라도 두 사람은 너무 비슷하게 생겼다. 그러나 아무도 내 말에 관심을 두지는 않았다. 엄마랑 아빠는 삼촌의 폭탄선언을 진심으로 축하해 주었다.

"이야, 우리 처남은 진짜 멋진 청년이야. 아무것도 포기하지 않았잖아. 게다가 이 젊은 나이에 살아갈 터전까지 마련해 놓다니. 대단해, 처남."

우리 집의 거실 불빛이 어느 날부터인가 더 따뜻해졌다. 아빠가 주방 등을 새로 갈았기 때문이다.

나는 오랜만에 내 방 침대 밑으로 몸을 구겨 넣어 봤다. 풀방구리 쥐 드나들듯 드나들며 돈을 숨기던 3학년 시절, 조립품 상자를 숨기다 다해에게 들통 나 잔소리를 들었던 작년, 그 바람에 비밀 금고에서 돈을 꺼내 엄마와 함께 은행을 가던 일. 청약에 가입하고 저축에 관심이 새로 생긴 나. 그동안 조금씩 바뀐 내 모습에 피식 웃음이 터져 나왔다. 그 속에서 나는 잠시 영화 같은 상상을 했다.

공부를 다 마친 내가 멋진 어른이 되었다. 내가 만든 조립품 같은 비행기를 직접 운전해 미국으로 향한다. 길었던 이번 비행을 떠올리며 화려한 조명의 가게에서 근사하게 스테이크를 썰어 먹는다. 파일럿이 되어 뉴욕 맨해튼에 온 것이다. 저 멀리 몇 개의 다리를 지나 횃불을 높이 든 자유의 여신상이 보인다. 강바람에 가슴이 시원해진다. 초고층 빌딩들에 하나 둘 불빛이 켜지고 나는 여유 있게 웃으며 맨해튼의 빌딩 숲을 감상한다.

나는 혼자 키득키득 웃었다. 상상하며 꿈을 꿀 수 있다는 건 즐거운 일이다.

'이제 보니 침대 밑이 완전 나만의 상상의 세계네.'

그때 누군가 내 방문을 살짝 여는 게 보였다. 나는 일부러 안쪽으로 몸을 숨긴 채 숨을 죽였다. 살짝 방문을 연 사람은 다해였다. 다해는 내가 침대 밑에 숨어 있는 것도 모른 채 내 방을 여기저기 탐색했다.

'보나 마나 양말 찾으러 왔겠지.'

그놈의 양말목 공예를 하겠다며 또 늘어진 양말을 뒤질 거라 생각했는데, 다해는 어쩐 일인지 조용했다. 나는 궁금해서 침대 밑에서 얼굴만 빼꼼 빼서 살폈다.

다해는 가만히 서서 내 조립품 선반을 보더니 살금살금 다가갔다. 그러고는 까치발을 한 뒤 집짓기 조립품을 슬쩍 꺼내는 게 아닌가.

'저걸 왜 꺼내는 거지? 혹시 중고 마켓에 팔려고?'

도둑고양이처럼 무언가를 들고 나가려는 다해의 발목을 내가 콱 움켜쥐었다. 다해는 '꺅' 소리를 지르며 하마터면 고꾸라질 뻔했다.

"너 지금 뭐 하는 거야?"

다해는 우물쭈물 말을 더듬었다. 그것도 잠시, 다해는 다시 당당한 모습으로 바뀌었다.

"오빠, 나눔 몰라? 이제 선반도 비좁은데 집짓기는 이제 중고 마켓에 싼 가격으로 나눔 해도 되는 거 아냐? 이거 어린애들이나 하는 거잖아. 나 내일 친구들이랑 플리마켓 열기로 했단 말이야. 오빠, 제발!"

하긴 요즘 선반 전시장이 조금 비좁긴 했다. 나는 침대 밑에서 기어 나와 몸을 일으켰다.

"좋았어! 그럼 반반이다."

그 말에 다해의 표정이 대번에 환하게
바뀌었다.

"당연하지. 사이좋은 남매끼리 똑같이 반
반 나눠야지."

"좋았어!"

나는 모처럼 동생에게 하이파이브를 청했다.
공중에서 둘의 손바닥이 경쾌하게 짝 소리를 내
며 부딪혔다.

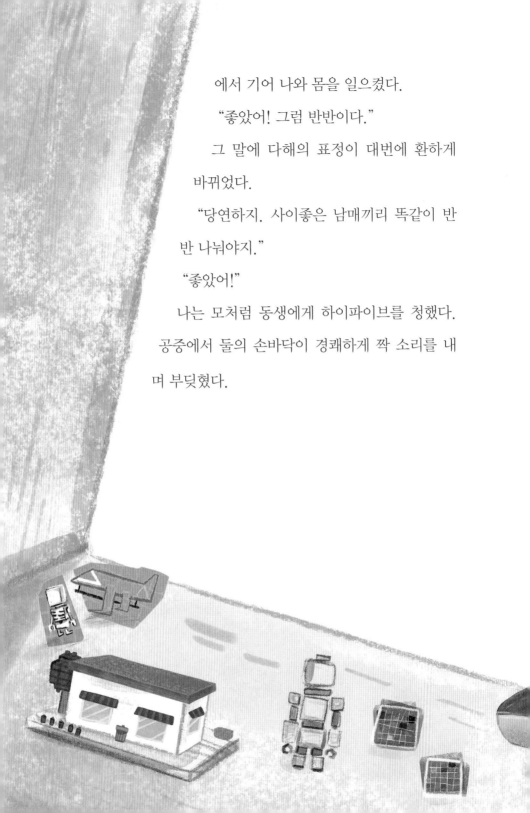

나의 첫 저축통장

초판 1쇄 인쇄 2024년 11월 28일
초판 1쇄 발행 2024년 12월 6일

지은이 아임해피(정지영), 김경옥
그린이 고은지
펴낸이 김선식

부사장 김은영
콘텐츠사업본부장 임보윤
기획편집 문주연 **디자인** 윤유정 **책임마케터** 양지환
콘텐츠사업1팀장 성기병 **콘텐츠사업1팀** 윤유정, 문주연, 조은서
마케팅본부장 권장규 **마케팅2팀** 이고은, 배한진, 양지환 **채널팀** 권오권, 지석배
미디어홍보본부장 정명찬
브랜드관리팀 오수미, 김은지, 이소영, 박장미, 박주현, 서가을 **뉴미디어팀** 김민정, 고나연, 홍수경, 변승주
지식교양팀 이수인, 염아라, 석찬미, 김혜원, 이지연
편집관리팀 조세현, 김호주, 백설희 **저작권팀** 성민경, 이슬, 윤제희
재무관리팀 하미선, 임혜정, 이슬기, 김주영, 오지수
인사총무팀 강미숙, 이정환, 김혜진, 황종원
제작관리팀 이소현, 김소영, 김진경, 최완규, 이지우, 박예찬
물류관리팀 김형기, 김선민, 주정훈, 김선진, 한유현, 전태연, 양문현, 이민운

펴낸곳 다산북스 **출판등록** 2005년 12월 23일 제313-2005-00277호
주소 경기도 파주시 회동길 490
대표전화 02-704-1724 **팩스** 02-703-2219 **이메일** dasanbooks@dasanbooks.com
홈페이지 www.dasan.group **블로그** blog.naver.com/dasan_books
용지 한솔피엔에스 **인쇄** 민언프린텍 **코팅 및 후가공** 제이오엘엔피 **제본** 다온바인테

ISBN 979-11-306-6136-0 (73320)

다산북스(DASANBOOKS)는 독자 여러분의 책에 관한 아이디어와 원고 투고를 기쁜 마음으로 기다리고 있습니다.
책 출간을 원하는 아이디어가 있으신 분은 다산북스 홈페이지 '투고원고'란으로 간단한 개요와 취지, 연락처 등을 보내주세요.
머뭇거리지 말고 문을 두드리세요.

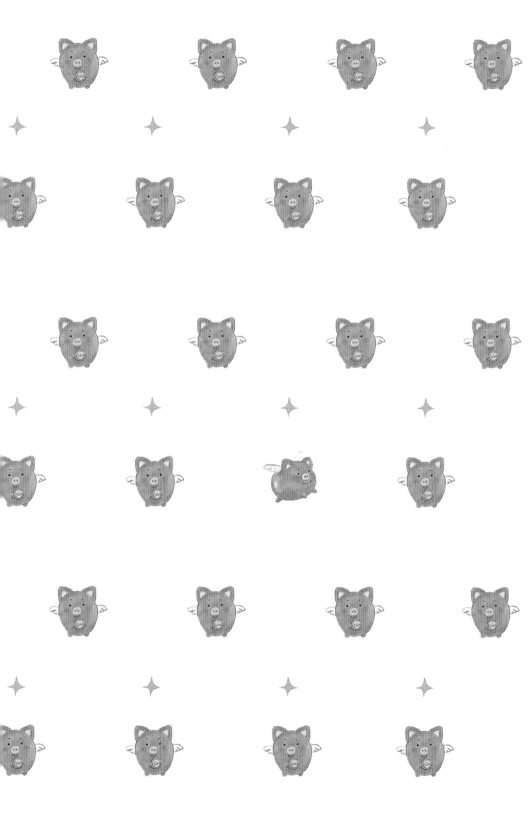

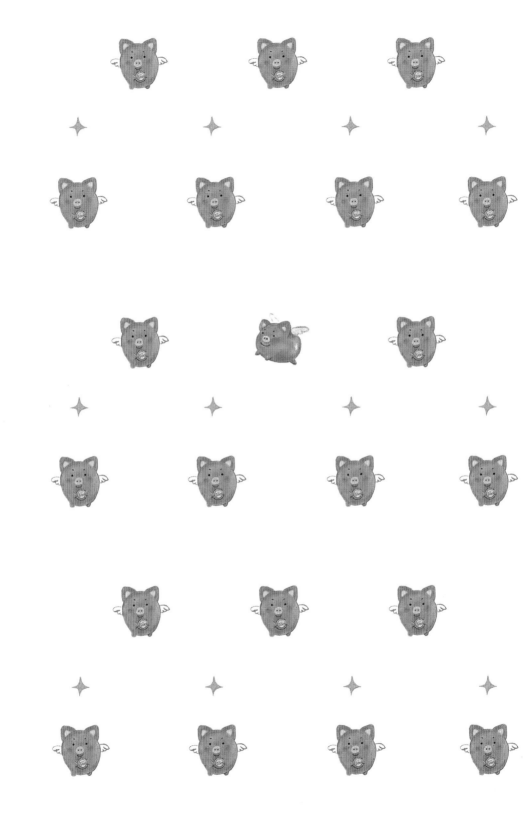

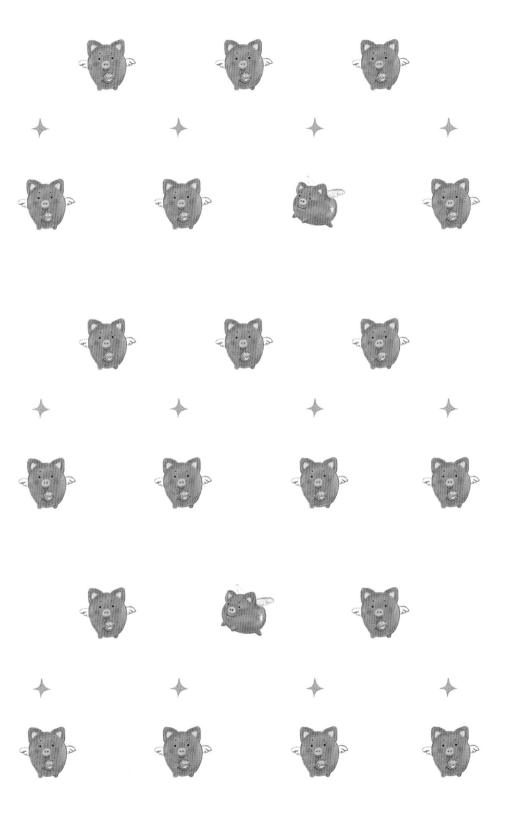

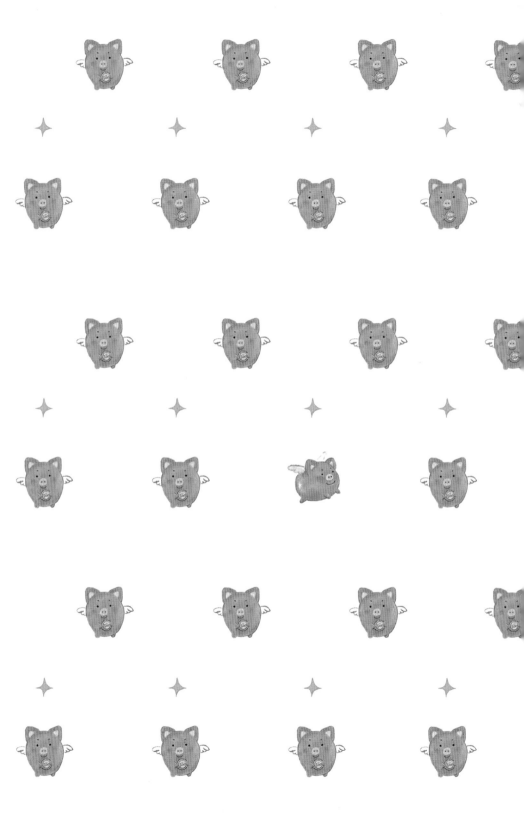